KB182987

서른이 지나도
아직 나를 모른다

일러두기

· 이 책에 사례로 등장하는 모든 인물의 이름에는 가명을 사용했습니다.

· 이 책은 《자연스러움의 기술》(넥서스Books, 2019)의 전면 개정판입니다.

불안한
삼십 대를 위한
32가지
자기발견 심리학

서른이 지나도
아직 나를 모른다

김윤나 지음

오아시스
Oasis

"지금과는 다르게 살고 싶어요"

사람들이 제게 코칭을 신청하는 이유는 다양합니다. 말하는 스타일을 바꾸고 싶어서, 인간관계의 어려움을 해소하고 싶어서, 자존감을 높이려고, 성장과 변화의 기회를 잡으려고. 갖가지 이유로 저를 찾아온 이들이 저마다의 주제를 꺼냅니다. 공통점이 있다면 지금과는 다른 삶을 원한다는 것이죠.

진정한 변화를 만들어 내려면 그들이 말하는 목표에 바로 달려들지 않도록 주의해야 합니다. 솔루션을 찾는 게 우선이 아니라, 사람을 먼저 봐야 하거든요. 이 사람이 어떤 사람인지, 왜 이런 감정을 느끼고, 같은 생각을 반복하고 갈등을 겪는지, 왜 남들과 다른 꿈을 꾸는지 이해해야 하죠.

문제의 원인은 자기 자신과 좋은 관계를 맺지 못했기 때문인 경우가 많습니다. 자신이 무엇을 원하는지 몰라 목표부터 잘못 세우기도 하고, 자신을 이해하지 못해서 문제를 키우는 경우도 허다하고, 스스로 해결해야 할 일도 남 탓을 하면서 도망치는 사람도 많습니다. 그래서 저는 꼭 이 질문을 합니다.

"당신은 어떤 사람인가요?"
"당신이 그것에 반응하는 이유는 무엇인가요?"
"당신이 정말로 원하는 것은 무엇이죠?"

그러나 이런 질문에 사람들은 쉽게 대답하지 못합니다. 불평불만, 문제에 관해서는 넘치게 말하면서 정작 그 모든 것의 주체인 나에 관해 물으면 머뭇거리죠. 나로 살면서 나에 관해 너무나 모릅니다. 무엇을 알고 모르는지조차 구분하지 못할뿐더러, 내가 아는 나에 대해 확신을 갖지도 못합니다.

어쩌면 당연한지도 모릅니다. 자신을 충분히 이해했다면 이토록 엉뚱한 곳에서 헤매지 않을 테니까요. 자신과 멀어진 사람은 힘든 일을 겪을 때 비교적 긴 방황기를 맞습니다. 고통을 괴로움으로 키우는 거죠. 나를 탓하고 남들과 비교하는 해로운 방법을 지속하다 결국 덫에 갇힙니다.

15년 동안 코치로 일하면서 깨달은 한 가지는 '사람 자체에 주목할 때 답이 풀린다.'라는 겁니다. 무슨 문제든 자기이해와 성찰에서 출발해야 합니다. 성공에 열을 올리던 어떤 사람은 자신이 진정 원하는 것은 출세가 아닐지도 모르겠다고 말하며 돌아갔고, 같이 일하는 동료의 못된 버릇을 고치겠다던 사람은 이 상황이 어쩌면 자신의 상처 탓일 수 있다며 눈물을 보였어요. 자신감을 찾고 싶다던 사람은 본래 자신이 근사한 존재였음을 기억해 냈다면서 힘차게 걸어 나갔지요.

당신이 현재 어떤 고민을 하고 있든, 문제해결에 매달리기 전에 나 자신을 보세요. 자기 이해는 많은 것의 실타래를 풀어 줍니다. 그러나 사람들은 나를 바라보는 것이 무엇인지조차 잊어버린 듯합니다. 안테나를 밖으로만 내놓고 사느라 자신에 대한 감각을 잃어버리고 만 것이죠. 나를 안다는 것이 무엇인지, 나를 제대로 알면 무엇을 얻게 되는지, 그렇다면 무엇부터 알아야 하는지부터 다시 배워야 해요. 그것이 바로 제가 이 책을 쓰게 된 이유예요.

특히 서른을 앞두고 있거나, 서른을 막 지나고 있는 당신을 위해 더 마음 썼습니다. 서른은 비로소 '자기정체감'이라는 과제를 시작하기에 딱 좋은 나이거든요. 일, 꿈, 가족, 연애, 돈……, 아직 아무것도 확실하지 않은 때, 그래서 더 힘들고 암담한 바로 이 시기야말로 나 자신이 가장 필요하니까요.

'위기에 처했을 때 진짜 나를 만나게 된다.'는 말을 들어 본 적이 있나요? 서른은 바로 그런 시기입니다. 세상은 이십 대를 '흔들려도 아름다운 청춘'이라 불러 줍니다. 사십 대는 제법 어른 대접을 해 주는 것 같고요. 한편 삼십 대는 어떤가요? 참 애매합니다. 어른이라 하기에는 마음이 널뛰고, 젊다고 하기에는 분명 예전 같지 않아요. 지금껏 달려온 꿈에 대한 성과도 아직 또렷하지 않고, 그토록 동동거렸건만 여태 돈도 없어요. 오래된 친구들과는 점차 멀어지고, 사회에서 사귄 친구와는 좀처럼 마음을 트기가 어렵죠. 아주 긴 레이스를 전력 질주하고 있는데, 도무지 어디가 끝인지 알 수 없어 지칩니다. 그래서 혼란스럽습니다.

정서치료의 관점에서 '혼란스럽다.'라는 것은 뭔가 잘못되었다는 신호입니다. 어딘가 불편하고, 불안하고, 억울하고, 집착하고, 무기력한 거죠. 그럴 때 필요한 출구가 바로 '나는 누구인가?'라는 질문에서 얻을 수 있는 자기감입니다.

이 책은 자기감에 대한 6개의 장으로 구성되어 있습니다. 1장은 내 안으로 수렴해야 하는 시간에 대해서 말하고 있습니다. 불안하고, 그래서 남과 비교하다가 다시 우울해질 때 왜 나를 이해하는 일부터 시작해야 하는지 설명해 줍니다. 2장부터 6장까지는 자기 이해를 위한 기술을 구체적으로 소개합니다. 가치, 신념, 욕구, 감정, 강점 순서대로 이야기가 이어지지요. 이 5가지의 심리학 접근법은 나를 알고, 나로서 살아가는 데 가장 기초적인 기술입니다. 전문가들이 사용하는 검증된 인간 이해의 방식이기도 하고요.

각 장에는 제가 코칭하며 만났던 사람들의 자기 발견 과정이 소개되어 있습니다. 직업, 나이, 성별에 관계없이 분명 당신과 어떤 면에서 닮아 있을 겁니다. 책에서 나눈 질문과 제안들을 나 자신에게 되물으면서 따라가 보세요.

한 장을 마치고 난 자리에는 워크시트를 준비했습니다. 자기 이해의 기술을 익히고 나면 어서 내 것을 찾고 싶어질 겁니다. 자기 탐험 여행에 도움이 되는 실용적인 양식이니 즐겁게 채워 나가길 바랍니다.

책을 읽는 동안 여러분이 해야 할 것이 하나 있습니다. 그 것은 바로 자신을 응원하고 지지하는 마음을 갖는 것입니다. 나의 모양새로 살아오느라, 다른 모양이 되려 고군분투하느라 애쓴 자신을 알아주세요. 본래 당신에게 있던 것을 찾아내 더 아끼고 사랑하는 마음으로 시작하면 좋겠습니다.

여러분은 MBTI만으로 설명되지 않는 사람입니다. 기계처럼 매뉴얼이 고정되어 있지도 않고요. 나이가 들고 상황이 바뀌면 나는 계속 달라집니다. 그러니까 이 책이 끝나도 멈추지 말고 계속해서 자신에게 관심을 보내세요.

어디로 가고 있는지도 모르면서 애를 쓰는 나를 발견할 때 다시 이 책으로 돌아와 삶의 중심을 잡을 수 있기를 바랍니다. 당신의 어려움을 대신 해결해 드릴 수는 없지만, 결국 그 산을 다시 넘어서 나 자신을 제대로 볼 수 있도록 도울 수는 있어요.

2024년 10월
말마음 연구실에서, 김윤나

◦ 차례 ◦

프롤로그 "지금과는 다르게 살고 싶어요"　　　　　　　　4

1장. '나'로 살아가야 할 때, 기준

★ 치열하고 불안하고 우울하다면　　　　　　　　17

★ 이러지도 저러지도 못하는 서른　　　　　　　　22

★ 서른이 되어도 아직 나를 모른다　　　　　　　　29

★ 단단하게 살아 내기　　　　　　　　35

★ [워크시트] 기준　　　　　　　　44

2장. 매일 치열하지만 방향을 잃었을 때, 가치

★ 10년 뒤에 나는 어떻게 지내고 있을까?   55

★ 당신, 어디로 가고 있나요?   60

★ 제대로 살고 있는 것 같지 않다면   65

★ 다른 사람의 눈에는 내가 어떻게 보일까?   73

★ 내 삶의 우선순위를 정하라   79

★ (워크시트) 가치   88

3장. 화가 많아질 때, 신념

★ 세상과의 잘못된 소통방식   107

★ 세상을 바라보는 나만의 색안경   112

★ 신념이 우리 삶에 미치는 영향   117

★ 부정적인 신념의 뿌리를 찾아라   122

★ 내가 생각하는 나   128

★ 잘못된 신념과 거리를 두는 방법   136

★ (워크시트) 신념   143

4장. 사람들 틈에서 힘겨울 때, 욕구

★ 내가 보는 나와 남들이 보는 나　　　　　　　　　　　161

★ 욕구를 이해해야 나답게 살 수 있다　　　　　　　　166

★ 우리는 모두 다르다　　　　　　　　　　　　　　　175

★ 불평 속에 욕구가 있다　　　　　　　　　　　　　　184

★ 친밀한 관계일수록 서로의 욕구를 존중해야 한다　　191

★ 〔워크시트〕 욕구　　　　　　　　　　　　　　　　200

5장. 괜찮다고 말하는 것에 지쳤을 때, 감정

★ 나는 왜 항상 참기만 할까　　　　　　　　　　　　213

★ 감정의 물병을 비워라　　　　　　　　　　　　　　219

★ 감정에 정확한 이름을 붙여라　　　　　　　　　　　224

★ 감정의 3가지 종류　　　　　　　　　　　　　　　228

★ 내가 내 감정을 모르면　　　　　　　　　　　　　　233

★ 감정을 알면 달라지는 소통법　　　　　　　　　　　238

★ 〔워크시트〕 감정　　　　　　　　　　　　　　　　248

6장. 자신감이 떨어질 때, 강점

★ 높은 기대치, 낮은 자존감   263
★ 잘하는 것에 몰입하면 찾아오는 행복   273
★ 상황에 따라 달라지는 강점 사용법   277
★ 충분히 아름답고 가치 있는, 당신의 강점   288
★ 강점을 잘 다루기 위한 연습   293
★ (워크시트) 강점   304

에필로그 "이제 나 자신의 삶을 살자"   316

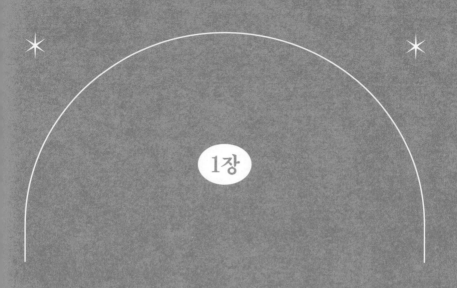

1장

'나'로 살아가야 할 때, 기준

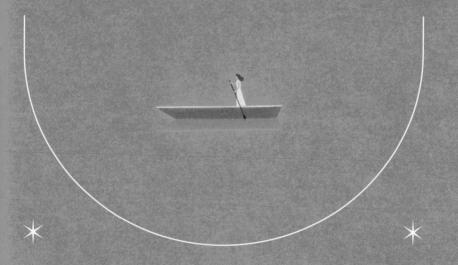

치열하고 불안하고
우울하다면

이 나이쯤 되면 어른다워질 줄 알았습니다. 내가 무엇을 원하는지 정도는 정확히 알게 되고, 관계에도 능숙해지며, 세상을 대하는 마음에도 여유가 생길 줄 알았지요. 그러나 여전히 나에 대해, 앞으로 살아갈 인생에 대해 모르고, 서툴고, 불안하다는 사실이 적잖이 당혹스럽습니다.

　나는 잘 살고 있는 걸까요? 지금처럼 살아도 되는 걸까요? 오늘 내린 결정이나 선택은 옳은 것이었을까요? 이전에 다른 선택을 내렸다면 지금쯤 무엇을 이루지는 않았을까요? 그럼 앞으로 나는 무엇을 해야 할까요? 과연 나에게 그럴 만한 능력이 있을까요?

이렇게 내면이 갈피를 못 잡고 방황할 때 사람들은 주변을 살핍니다. SNS를 열어 친구, 직장 동료, 어찌어찌 알게 된 사람들의 일상을 지켜봅니다. 그곳에는 불안이나 막막함 같은 것들은 보이지 않습니다. 명료한 행복과 즐거움만이 느껴져요. 자리 잡은 커리어, 어느새 훌쩍 커버린 아이들, 운동으로 만든 멋진 몸, 해외여행에 가서 찍은 사진, 명품 플렉스까지. 다들 자신을 의심하지 않으며 살아가고 있는 것 같습니다.

'휴……, 왜 나만 이러고 사는 거야?'
'나도 부모 잘 만났으면…….'
'너무 늦어 버린 건 아닐까?'

이제 남은 것은 무능력하고 게으른 자신을 탓하며 어두운 터널로 걸어 들어가는 일입니다. 돌아갈 수 없는 과거를 원망도 해 보지만, 분노는 곧 자책과 우울로 이어집니다. 이전보다 빠르게 흘러가는 시간을 헤아리다 마음이 조급해집니다. 휴…… 우울감에 바닥까지 내려앉고 맙니다.

우리에게는 수렴하는 시간이 필요해

살다가 이런 시기에 놓일 때는 먼저 치열하게 사는 방식으로 대응해 볼 수 있습니다. 더 나은 내가 되기 위해 자기계발에 힘을 쓰는 것이죠. 그러나 이 방법은 에너지를 소진시키고 당신을 번아웃에 빠뜨릴 수도 있습니다. 본질적으로 방법만 있고 방향은 빠져 있기 때문입니다. 정체감의 주제를 실행의 문제로만 다루면 같은 어려움이 반복될 수 있습니다.

때론 회피를 선택하기도 합니다. 삶에서 발생하는 질문으로부터 도망치기 위해서 내면의 소리를 모른 척합니다. 어딘가에 정신없이 몰두하거나 중독되어 버리기도 하고요. 그러나 해결되지 않은 본연의 질문들은 잠시 잠잠해질 뿐 언젠가 또다시 찾아옵니다. 시기를 늦출수록 더 큰 후유증을 겪게 될 뿐이지요.

마지막으로 잠시 멈추고 마음에 귀를 기울여 볼 수도 있습니다. 나만의 호흡을 찾고 상황을 바라보면서 왜 지금 이런 질문들이 내면에서 고개를 드는지 정확히 마주하는 겁니다. 진심과 마주하고 나면 내게서 어떤 변화가 일어나고 있음을 알게 됩니다. 지금은 정체성과 존재감에 관한 질문을 이어가야 할 때임을 깨닫게 되는 거죠.

이전에 장수풍뎅이가 성충이 되는 과정을 지켜본 적이 있습니다. 애벌레가 허물을 벗고 번데기가 되는 용화(蛹化)의 과정에서 먼저 번데기 방을 만듭니다. 크림색의 몸은 점점 색이 진해집니다. 이 상태에서 2주가 지나면 애벌레는 허물을 벗고 비로소 멋진 새 몸을 가지게 됩니다.

번데기는 흙 속의 자기 공간에서 몸을 웅크리고 지냅니다. 헌 몸에서 벗어나 멋진 새 몸을 얻기 위해 움직이지 않고 오로지 자신에게만 집중합니다. 그렇게 고독한 시간을 충분히 거친 후에야 본래 가진 아름다움을 드러낼 수 있습니다.

우리에게도 그런 시간이 필요합니다. 전과는 다른 차원의 나를 만나기 위해, 나만의 방에서 가만히 집중하는 시간 말입니다. 어느 날 당신의 깊은 곳에서 '지금의 삶이 네가 원하던 삶이 맞아?'라고 의심하는 소리가 들린다면, 내 안으로 시선을 돌리는 시간을 가져 보세요. 치열하고 불안하고 우울해졌다면, 당신에게 수렴하는 시간이 필요합니다.

혼란은 새로운 시대를 위해 찾아오는 과정입니다. 그것은 지금보다 더 나은 삶을 위한 마음의 충동이자, 내면의 아우성이에요. 탈피가 필요한 순간이 오면 삶은 우리에게 해답이 없는 복잡한 질문을 던져 줍니다. 우리가 할 일은 너무 늦지 않게 그 질문에 귀를 기울이는 것이랍니다.

○ ○ ○

이러지도 저러지도 못하는
서른

이십 대 중후반을 거쳐 삼십 대를 지나는 시기에는 자기 정체성에 대한 의문이 유독 커집니다. 대학에 가느라, 취업하느라, 관계에 적응하느라 정신없이 사는 동안 미뤄 두고 쌓아 두었던 주체적인 질문이 기다렸다는 듯 쏟아져 나오기 때문이죠. 물론 그 형태는 조금씩 다릅니다.

"앞뒤 살피지 않고 그저 열심히 하는 것밖에 없다고 생각했어요. 살아남아서 한 단계씩 위로 오르는 게 가장 중요했거든요. 이제야 좀 안정적인 삶을 살게 되었는데, 요즘은 제 젊은 날을 그렇게 보내 버렸다는 게 견딜 수 없이 슬퍼요. 도대체 나는 누구로 살고 있는 걸까요?"

성인 초기를 열탕처럼 아주 뜨겁게 살아가는 사람들이 있습니다. 십여 년을 이후의 안정적인 삶을 위한 준비 기간으로 살아온 겁니다. 이들은 적응에 가장 적합한 사람이 되기 위해 단련해 왔지만, 어느 순간 일상의 생동감을 완전히 잃어버린 자신과 마주하게 되었습니다. 중요한 것을 빠뜨리고 질주한 사람들은 언젠가 지나온 길을 되돌아보는 시간이 필요합니다.

"이삼십 대를 허송세월로 보낸 것 같아요. 남들이 치열하게 먹고살 준비할 때, 전 좀 다르게 살고 싶었어요. 부모님처럼 아등바등하고 싶지 않았거든요. 그랬더니 이제는 제 또래와 격차가 너무 벌어졌어요. 경기장에 들어설 자격도 없는 것처럼 느껴져요. 어떻게 해야 할까요?"

반대로 냉탕처럼 살아온 사람도 있습니다. 삶에 다소 냉소적인 태도를 취해 온 거죠. 이 사람들은 안정적이지 않은 삶에 불안감을 느낍니다. 충분히 열심히 살지 못했다는 자책감, 이 나이가 되도록 홀로서지 못했다는 수치심으로 힘들어합니다. 나는 더 이상 세상에 존재할 필요도 없는 무가치한 존재가 아닐까 하는 의심 속에 허우적거립니다.

이전보다 어른으로서의 자유가 허락되지만, 그만큼 선택의 고통과 책임감도 따릅니다. 연애와 결혼을 할지 말지, 아이를 가질지, 둘째를 낳아 키울 수 있을지, 어떤 직장에 들어가고, 회사 생활을 계속할지, 커리어는 어떻게 관리할지, 인간관계를 지속하거나 정리할지, 부모와는 어느 정도의 거리를 유지할지, 돈은 앞으로 어떻게 관리해야 할지 등 엄청난 결정을 내려야 합니다.

인생을 살며 한 번도 배워 본 적이 없는 일입니다. 그러니 한다고 해도 뭘 제대로 알고 하는 것은 아닙니다. 여전히 매일 걱정하고 후회합니다. 이제 제법 사회생활 연차가 쌓였고, 결혼식장이나 장례식장에서 예의를 갖출 줄 알게 되었지만, 여전히 해답지 없는 난해한 문제를 푸는 기분으로 살아갑니다. 이전처럼 부모나 선배가 다정하게 가르쳐 주지 않습니다. 서른은 더 이상 어린애가 아니니까요. 아들딸, 친구, 배우자, 동료, 부모 등의 주어진 역할은 점점 늘어나지만, '힘들다.', '도와달라.'고 말하기가 점점 어려워집니다. 그래서 우리는 외롭습니다.

철없이 살기에는 너무 나이 든 것 같아 무섭고, 매일 같은 일만 반복하며 살기에는 아직 꿈을 이룰 기회가 남은 것 같아 아쉽습니다. 아직 경제적으로 독립하지 못해서 괴로운 시기이면서, 어릴 적부터 꿈꿔 온 것을 떠나보내는 헛헛한 시기이기도 합니다. 독립을 추구하면서 연결을 고민하게 되고, 책임을 배우면서 자유를 그리워하는 구간이기도 하고요. 그래서 이러지도 저러지도 못하는 상태가 되어 버리는 거죠.

관계앓이에서 벗어나고 싶다면

요즘처럼 불안정한 시대에 단단한 어른이 되기란 더 어렵습니다. 경제성장이 둔화되고 취업이 어려워진 대신, 성공방정식이 달라지고 온라인에서 새로운 기회가 열리고 있다고 합니다.

세상의 변화는 개인의 변화보다 빠르게 이루어지고 있습

니다. 그것을 일일이 따라가며 속도를 맞추기란 아주 버거운 일이지요. 선택지가 많을수록 결정은 점점 더 어려워지고요. 그 어느 때보다 나만의 꿈을 꾸고, 나만의 방식으로 사는 것이 어려운 때입니다.

《어른의 중력》에 따르면 1997년, 애비 윌너Abby Wilner는 '쿼터라이프 위기(Quarterlife crisis)'라는 용어를 처음 만들어 사용하기 시작했습니다. 이는 주로 이십 대 초반에서 삼십 대 중반 사이에 나타나는 것으로, 삶의 질과 방향성에 관해 극심한 불안을 느끼는 증상입니다.

사티아 도일 바이오크Satya Doyle Byock는 위 용어에서 착안한 '쿼터라이프(Quarterlife) 시기'를 중요하게 다룹니다. 그녀는 16세에서 36세가량인 사람들, 즉 '쿼터라이퍼(Quarterlifer)' 들은 이 시기에 단순히 경력을 쌓고 파트너를 구하는 것뿐만 아니라, 자기 자신을 찾는 것을 궁극적인 목표로 두어야 한다고 말합니다. 독립적이고 고유한 삶을 구축해야 한다는 뜻이지요. 또한 '안정적이고 의미 있는 삶'이 정확히 어떤 것인지 개인적이고 구체적인 방식으로 밝혀야 한다고 이야기합니다.

독립적이고 고유한 삶이란 무엇일까요? 여기서부터 어려

워집니다. 지금껏 우리는 좋은 학교에 가기 위해 비슷한 시간표 속에서 살았습니다. 괜찮은 직장이라는 기준이 존재했고, 바람직한 사회생활이나 성공의 표본을 따르며 살았습니다. 남들이 알아주는 브랜드를 사고, 대세에 따라 연애나 결혼을 하고, 유튜브에서 알려 주는 대로 재테크를 해 왔습니다. 그런 사람들에게 '나다운', '나만의'라는 수식어가 붙는 일이란 어려울 수밖에요.

안정적이고 의미 있는, 그러면서도 나만이 살아 낼 수 있는 삶이란 것은 교과서에도, 회사 매뉴얼에도 나오질 않습니다. 서로 마주 앉아 캐물어도 별 진전이 없어요. 누구나 비슷한 걸요. 당연한 얘기지만, SNS 세상에도 내가 찾는 답은 존재하지 않습니다.

게슈탈트 심리학에서는 어려움과 고통의 원인은 '관계'에 있다고 봅니다. 이때 필요한 것은 당장의 문제해결이 아닙니다. 나로 존재할 용기를 내면서 자기 자신과 접촉해야 해요. 그렇지 않으면 나답게, 생생하게 살아갈 기회를 잃어버리는 큰 대가를 치를 수도 있습니다. 나 자신과 접촉하려면 어떻게 해야 할까요?

지금 당신이 처한 혼란은 일종의 '관계앓이'입니다. 이 시기에는 나 자신과의 관계, 부모와의 관계, 그리고 새로운 가족과의 관계, 친구와의 관계, 성공과 꿈과의 관계가 재구성되어야 합니다. 지금의 삶을 흔들어 나만의 삶의 방식을 다시 만들어 가야 해요.

그러기 위해 가장 먼저 할 일은 내 삶의 중심에 나를 세워 두는 것입니다. 세상을 향해 뻗어 있던 안테나를 내 안으로 돌려 나 자신과의 접촉에 마음을 써야 해요. 스스로에게 조금 더 열심히 질문을 던지며 나라는 사람에 관해 알아가야 합니다. 이 질문들이 혼란에 질서를 부여하며 새로운 정체감을 만듭니다. 나 자신을 찾아가는 탐구의 과정을 통해 다시 나로 돌아오는 길을 발견하게 됩니다. 그렇게 나다움에 가까워질 때 한결 삶이 가볍고 명쾌하게 느껴집니다.

서른이 되어도
아직 나를 모른다

나는 _____ 입니다.

   만약 '당신은 어떤 사람인가요?'라는 질문을 받는다면 뭐라고 답할 건가요? 위 문장에 대한 답을 최대한 많이 작성한다면 얼마나 적어 볼 수 있을까요? 단순한 문장으로 보이지만 막상 적으려니 뭐라고 써야 할지 모르겠고 어렵기만 합니다. 어떤 내용을 적으면 되냐고 되묻는 사람들도 많습니다. 대개 이렇게 말을 시작합니다.

"저는 이제 회사에 입사한 지 5년 되었고요⋯⋯."

"현재는 일을 잠깐 쉬고 있어요. 원래 하던 일은⋯⋯."

"결혼 5년 차이고요, 두 살 된 딸이 하나 있어요⋯⋯."

직업, 경력, 목표, 역할로 자신을 설명하는 게 눈에 띄죠. 자신이 회사원인지, 학생인지, 대기업에 다니는지 중소기업에 다니는지, 결혼은 했는지, 아이는 있는지, 돈은 얼마나 있는지, 예쁜지 아닌지 등의 요소를 열거해 자신을 소개하는 분들이 많습니다. 그러나 그것이 나를 설명하는 충분한 조건이 될 수는 없습니다.

심리학자 페터 베르Peter Beer의 《내가 누구인지 아는 것이 왜 중요한가》에서는 사람들은 자신이 누군지 모르기 때문에 온갖 것과 자신을 동일시한다고 말합니다. 자신을 모르기 때문에 역할, 재산, 외모, 신분, 직업, 역사 등을 자신의 정체성으로 삼는 것이죠. 그러나 우리는 매일 변화합니다. 고정된 사회적 조건만으로 나를 설명할 수는 없습니다. 또한 우리 개개인은 고유성과 복잡성을 가진 존재입니다. 보다 다채로운 관점에서 이해되어야 하지요.

드물긴 하지만 자신에 대해 보다 다양한 관점에서 설명하는 사람들도 있습니다. 어떤 분들은 자신을 이렇게 소개했어요.

"저는 도전적인 사람이에요. 새로운 목표를 세우면 신이 나요!"

"저는 글을 쓰면서 저를 돌아볼 때가 좋아요. 혼자서 생각을 정리하는 작업이 즐겁습니다."

"저는 성장을 중요하게 여겨요. 매일 배우고 발전하는 느낌이 좋아요."

어떤가요? 앞서 자신을 뭉뚱그려 설명했을 때보다 '개인으로서의 나'가 훨씬 더 잘 드러나지요? 나에 대한 직접적이고 구체적인 정보가 담겨 있기 때문입니다.

제 코칭에는 관계에 어려움을 겪는 분들이 찾아옵니다. 다른 사람과의 갈등뿐만이 아니라 나 자신에게 실망하고, 나를 미워하고, 나에 대한 기대를 잃어버린 사람들 말입니다. 이들이 자신을 소개할 꺼내 놓는 정보는 빈약하고, 부정적이며, 희미합니다. 오히려 처음 만난 저에게 내가 어떤 사람인 것 같냐고 물어보기도 합니다.

"저도 저를 잘 모르겠어요. 무엇을 원하는지조차 알지 못해요."

흔히 사춘기를 '나는 누구인가?'라는 질문이 폭발하는 '자아정체감의 시기'라고 부릅니다. 부모의 자녀로만 설명되었던 나에서 벗어나 '이 거대하고 복잡한 세계 속에서 나의 위치는 어디인가?'에 대한 답을 찾고자 애를 씁니다.

이 시기에 내면의 목소리와 충분히 대화를 나누며 자신의 성격, 능력, 가치, 신념, 강점, 취향, 세계관 등을 알아가야 합니다. 그러지 못하면 부정적인 정체감을 가지게 될 수 있습니다. 혼돈과 공허함에 빠지거나, 나에게 집중하지 못하고 타인에게 의지하거나, 주변 관계에서 어려움을 겪을 수 있습니다.

그러나 지금의 청소년에게 이러한 자기 실험을 기대하기는 어렵습니다. 청소년들은 나를 찾기보다는 나를 받아 줄 대학교를 찾기 더 바쁘죠. 자아정체감 확립이라는 발달과제는 갈수록 유보되고 있습니다. 더 이상 이 숙제를 미룰 수 없게 되는 때가 바로 성인기의 초기인 이삼십 대입니다.

서른의 착각

서른이 하기 쉬운 착각 중 하나는 자신이 이미 완전한 어른이어야 한다고 믿는 겁니다. 하지만 여러분, 그렇지 않습니다! 서른은 완전하게 자리 잡은 뿌리 깊은 나무가 아닙니다. 확신과 의심을 넘나들며 비로소 정체감의 탐구를 시작할 수 있는 시기예요. 완성의 안도와 기쁨보다는 불안과 두려움을 동반한 용기와 의지를 가져야 할 때입니다.

자기 탐험을 떠나지 못한 채 중년이 되어 버린 어른들을 보세요. 자기만의 빛을 가지지 못한 사람들은 말과 행동에서 어지러운 마음이 고스란히 드러납니다. 그들은 가진 지식은 많을지 몰라도 깊은 성찰의 힘이 약합니다. 책임감보다 남 탓이 빠르고, 비교와 시기, 우울과 분노를 자주 반복하는 경향을 보입니다.

무엇보다 당신이 생각하는 서른과 그들이 돌아보는 서른은 너무도 다릅니다. 그 시기를 이미 지나온 사람들은 서른은 모험을 시작하기에 딱 좋은 때라고 말합니다. '왜 그때 내게 더 애정을 쏟지 못했을까?', '왜 그렇게 어른인 척 전전긍긍했을까?'라고 아쉬워합니다. 모든 부분에서 자리 잡으려고 애쓰는 대신 '나'로서 살기에 조금 더 열심이면 어땠을까 후회하죠.

서른이 되어도 아직 나를 모른다는 것은 무척 자연스러운 현상입니다. 나를 찾는 여행을 떠나기에 적기라는 뜻이기도 하고요. 우리가 앞으로 할 일은 '나는___이다.'라는 문장을 꾸준히 완성하는 과정입니다. '나는'과 '-이다.' 사이에 존재하는 다양한 가능성을 채워 나가 보세요. 나 자신에 대한 호기심과 애정을 듬뿍 담아서요.

이쯤에서 '나는___이다.' 문장들을 작성해 볼까요? 그리고 이 책을 다 읽고 나서 다시 한번 더 '나는___이다.' 시트를 적어 보는 겁니다. 양적인 부분뿐 아니라 질적인 측면에서 차이를 확연하게 느낄 수 있을 거예요.

✦ 46페이지로 이동해 시트를 작성해 보세요.

서른이 지나도 아직 나를 모른다

단단하게
살아 내기

나를 안다는 것은 무엇일까요?

나를 알게 되면 무엇이 달라질까요?

나를 알기 위해서는 무엇부터 시작해야 할까요?

이 세 가지 질문에 대한 답을 해 볼 차례입니다. 먼저 이 책에서는 자기이해의 개념을 3가지 측면에서 소개하려 합니다.

"자신을 이해한다는 것은 매우 복잡한 일이죠. 몇 가지 특성만으로 나를 설명할 수는 없어요. 성격, 능력, 역할 뿐만이 아니라 꿈, 취미, 습관 등 다양한 측면에서 살펴야 해요."

나를 안다는 것은 먼저 '자기복잡성(Self-complexity)'을 뜻합니다. 말 그대로 자신에 대해서 얼마나 다양하게 알고 있는가에 관한 것이지요. 한가지 영역에 고정된 설명이 아니라, 성격, 장점, 단점, 가치, 습관, 취미, 인간관계 등 인생의 다양한 영역에서 자신을 이해하는 정도를 말합니다. 자기복잡성이 높으면, 즉 자신을 다양한 범주에서 이해할 줄 알면 부정적인 외부 자극이 왔을 때 심리적으로 더 유리하게 반응한다고 합니다.

심리학자 퍼트리샤 린빌Patricia Linville은 이에 관한 한 실험을 진행했습니다. 연구팀은 '유머 감각이 있는', '상상력이 풍부한', '성숙한' 등 성격을 표현하는 다양한 형용사 카드를 실험 참가자들에게 나눠 주고, 자신과 가깝다고 생각하는 것끼리 묶어서 분류하게 했습니다. 자기복잡성이 높은 사람이 자신의 특성을 더 많이 알고 있으므로 더 다양하게 형용사를 사용하겠지요. 그러고는 가짜 논리력 검사를 실시한 후, '당신은 하위 10퍼센트에 속한다.'라고 거짓 정보를 주었습니다. 실험 결과, 자기복잡성이 높은 사람은 하위 10퍼센트라는 평가 결과를 듣고도 기분이 크게 달라지지 않았지만, 그렇지 않은 사람들은 자신에 대해 훨씬 더 부정적으로 느끼게 되었습니다.

이 연구는 자신을 복잡한 영역에서 이해하고 있으면, 어떤 특성에 대해 부정적인 정보가 들어와도 자아존중감이 크게 손상되지 않는다는 사실을 보여 줍니다. 본래 가진 자산이 많으니 조금 손해를 봐도 여전히 잔고가 충분한 것이지요. 반대로 나에 대해 한정된 특성만 알고 있으면 부정적인 상황이 닥쳤을 때 자아존중감에 큰 상처를 입을 수 있습니다. 예를 들어 좋은 회사에 다닌다는 것만으로 자신을 설명하는 사람은 승진에서 밀려난 상황에서 훨씬 더 부정적인 감정에 휩싸일 수 있다는 것이죠.

"자신에 대한 확신이 필요해요. 주변의 말에 흔들리면 중심을 잡을 수가 없어요. 내가 바라보는 나에 대한 신뢰가 있어야 하죠."

두 번째로 나를 안다는 것은 '**자기개념 명확성(Self-concept clarity)**'으로 설명할 수 있습니다. 명확성이 높다는 것은 나 자신에 관해 확신이 있다는 것을 말합니다. 그것이 안정적이고 일관적으로 지속된다는 것을 뜻하고요.

자기개념 명확성 역시 연구를 통해 심리적인 적응과 밀접한 관련이 있다고 밝혀졌습니다. 자기개념 명확성이 낮은 사람은 자기확신이 부족합니다. 그래서 자신의 생각과 선택을 의심하는 경향을 보이고, 자신에 대한 정보를 밖에서 얻으려 하거나, 판단을 내릴 때마다 다른 사람의 의견에 지나치게 귀를 기울입니다. 그러니 외부의 평가에 취약해질 수밖에 없어요. 부정적인 피드백을 받았을 때도 더 민감하게 반응하게 되고요. 당연히 사람들 사이에서 나답게 반응하고 편안한 관계를 맺기가 어려워집니다.

반면 자기개념 명확성이 높으면 의사 결정이 명료하고 자기 기준을 신뢰할 수 있습니다. 삶에서 더 많은 통제감을 느낄 수 있죠. 스스로 선택권을 가졌다고 믿기 때문에 눈치를 덜 보고, 비교도 덜합니다. 타인과의 관계에서 자신의 존재감을 발휘할 수 있고, 자신이 원하는 것과 필요한 것을 제때 표현하는 대화가 가능해집니다.

"저는 때로 부정적인 동시에 긍정적이에요. 이 모든 게 제

안에 존재하죠. 나를 통합적인 시각에서 바라볼 때 나라는 사람을 온전하게 받아들일 수 있어요."

세 번째로 나를 안다는 것은 '**자기구획화**(Self-compart-mentalization)'와 관련 있습니다. 자기구획화란 자신에 관한 다양한 측면 중에서 어떤 측면은 부정적 내용으로, 어떤 측면은 긍정적으로 분리해서 조직화하는 것을 말합니다. 구획화가 상대적으로 낮을 때는 통합화되어 있다고 봅니다.

이때 자기구획화 정도가 높은 사람은 자신에 대한 개념을 긍정 혹은 부정적인 내용으로 분리해서 처리합니다. 예를 들어서 연인으로서의 나는 귀엽고 상냥하지만, 자녀로서의 나는 무심하고 차갑다는 식으로 나라는 사람을 완전히 분리해서 이해하는 거죠. 그렇게 되면 부정적인 사건이 일어났을 때 자신에 대한 평가가 한쪽으로 치우칠 수 있습니다. 너무 나쁘게만 생각하거나, 혹은 아주 긍정적으로만 바라보는 거죠. 긍정적인 특성만 보는 경우는 정서적으로 좋은 일 같지만, 반대의 경우 더 큰 부정적 감정을 경험하게 되므로 장기적으로는 바람직하지 않습니다.

반대로 자기구획화가 낮은 사람은 자신에 대해 긍정적이

거나 부정적인 내용을 포괄해서 인식합니다. 예를 들어서 딸인 나는 인내심 있고 책임감 있는 동시에 무뚝뚝하고 세심하지 못한 면이 있다는 식으로요. 이렇게 통합화되면 부정적인 사건이 일어났을 때도 그것을 '완전 실패'로 해석하지는 않습니다. 부정적인 감정의 영향에서 비교적 자유롭기 때문에 덜 우울해지고요. 설령 우울감을 경험하더라도 더 빠르게 회복되는 경향을 보입니다. 나 자신에 대한 종합적인 평가가 가능하기 때문입니다.

지금까지 자기이해의 3가지 개념을 살펴보았습니다. 스스로를 이해하는 데 도움이 되었나요? 이제 다음 질문에 답해 보세요.

복잡한 나 자신에 대해 다양하게 설명할 수 있나요?
내가 인식하는 나에 대한 확신이 있나요?
나는 부정적인 면과 긍정적인 면을 통합적으로 가진 존재인가요?

나에 대한 확실한 지표

자신에 대해서 많이 알고, 신뢰하며, 편향되지 않은 시각을 가진 사람은 높은 안정감과 심리적 적응력을 보여 줍니다. 자기 위협을 덜 느끼고, 남과 비교하는 것이 덜하며, 우울한 감정에 대처할 줄 압니다. 따라서 자신의 정체감을 지키면서 타인과 편안하고 유연한 관계를 맺을 수 있습니다.

많은 심리학 연구에서는 자기개념을 인간의 삶을 질적으로 이해하는 의미 있는 척도로 바라봅니다. 자존감 연구로 잘 알려진 모리스 로젠버그Morris Rosenberg 역시 개인의 자기존중감을 나타내는 '가장 확실한 지표(Hallmark)'는 바로 자기지식이라고 말했고요. 이 책에서는 그 확실한 지표 중에서도 **가치(Value), 신념(Belief), 욕구(Needs), 감정(Emotion), 강점(Strength)**에 대해 다루고 있습니다. 이것은 나를 구성하는 내면의 기본 구성요소이자, 나 자신으로 사는 데 필요한 최소한의 기술이기 때문입니다. 또한 경험적으로 우리가 겪는 정체성에 관한 많은 고민이 결국 이 5가지로 귀결되곤 하니까요.

먼저 **가치**는 우선순위를 정리하는 기술입니다. 내 안에서 가치를 정하면 중요한 것과 버려야 할 것을 알아볼 수 있습니다. 당신이 목표로 삼고 있는 일들이 정말로 원하던 것인지 생각해 보세요. 가치 선정은 좋아 보이는 것과 내가 원하는 것을 구분하면서 사는 삶, 비교하지 않는 삶, 자족하는 삶을 위해 필요합니다.

신념은 당신이 믿는 것을 깨닫는 기술입니다. 당연하다고 생각한 것들에 의문을 제기해 봐야 합니다. 그간 고수해 온 신념이 자신의 생각인지 다른 누군가의 생각인지 구분하면서 살 수 있도록, 당신을 옭아맨 틀에서 빠져나와 생각의 자유를 즐길 수 있어야 합니다.

욕구는 당신의 에너지를 이해하는 기술입니다. 욕구를 깨우치면 당신이 언제 편안함을 느끼는지, 어떤 상황에서 불편함을 느끼는지 알게 됩니다. 무엇보다 예민하고 까다로운 자신을 이해하고, 자연스러움을 유지하기 위해서 환경을 어떻게 바꾸어야 할지 둘러보게 만들 것입니다.

감정은 마음의 신호를 받아들이는 기술입니다. 이 책에서는 감정의 역할을 소개하고 감정과 가까워지는 방법을 알려 줍니다. 익숙한 감정에 갇혀서 필요 이상으로 착한 사람, 화난 사람으로 살지 않도록 그 방법을 제시합니다. 또한 피하거나 숨기는 것, 과장하는 감정 역시 정리해 볼 수 있습니다.

마지막으로 **강점**은 당신이 잘하는 일을 찾는 기술입니다. 사람마다 가진 재능이 다르기 마련입니다. 직업이든, 취미든 스스로 제법 괜찮게 해내고 쓸모 있게 기능한다는 느낌을 갖는 것은 매우 중요합니다. 강점은 당신의 자원을 찾고 키울 수 있게 돕습니다.

우리는 고정되어 있지 않습니다. 시시각각 변화하고 진화하지요. 이 5가지의 기술은 그런 나 자신을 설명하는 데 꽤 유용한 프레임이 되어 줄 겁니다. 삶의 방향을 점검하고, 나와 타인의 갈등을 이해하도록, 내가 목소리를 내면서 나답게 존재할 수 있도록 안내합니다.

정답을 찾으려 애쓸 필요는 없습니다. 단번에 나를 정의하려 하지 마세요. 그런 것은 가능하지 않습니다. 앞으로 나와 내 삶에 주의를 두고, 깊은 시선으로 자신을 관찰하는 경험을 하는 데 더 큰 의미가 있습니다. 모쪼록 이 책을 통해 자신에게 마음껏 몰두해 보기를 바랍니다.

자, 그럼 나의 가치 이야기부터 시작해 볼까요?

워크시트
: 기준

당신의 고민은 무엇인가요?

그것을 떠올릴 때 어떤 감정이 일어나나요?

그것이 중요한 이유는 무엇인가요?

그것이 어떻게 해결되기를 바라나요?

문제가 해결되었을 때 당신이 얻을 수 있는 것은 무엇인가요?

괴로움에서 빠져나오려면 어떤 생각에서 자유로워져야 할까요?

다시 같은 문제를 반복하지 않으려면 무엇이 필요한가요?

내가 문제를 가장 잘 해결할 수 있는 나만의 방식은 무엇인가요?

내가 되는 연습

나를 충분히 이해하는 사람은 이 질문에 답할 수 있습니다.
그래서 혼란으로부터 빠져나올 출구를 찾게 되지요.
나 자신이 가장 믿을 만한 파트너가 됩니다.

그러기 위해서는 나에 대한 더 넓고 깊은 이해가 필요합니다.
준비된 워크시트를 작성하면서 나의 가치, 신념, 욕구, 감정, 강점에 대해 알아 가세요.
강렬한 외부 자극에 휩쓸리던 시간을 멈추고, '나로 수렴하는 연습'을 시작해 보세요.

결국, 나 자신으로 돌아와야 해답이 보입니다.

당신은 어떤 사람인가요?

∪

누군가 "당신은 누구인가요?", "당신이 어떤 사람인지 말해 주세요."라고 한다면 뭐라고 답할 수 있을까요? 아래 문장을 채워 가면서 당신이 어떤 사람인지 설명해 주세요.

정해진 기준은 없습니다. 최대한 많이 작성해 보세요.

★ 나는 _____ 사람입니다.

★ 나는 _____ 사람입니다.

★ 나는 _____ 사람입니다.

★ 나는 _____ 사람입니다.

★ 나는 _____ 사람입니다.

★ 나는 _____ 사람입니다.

★ 나는 _____ 사람입니다.

★ 나는 _____ 사람입니다.

★ 나는 _____ 사람입니다.

★ 나는 _____ 사람입니다.

몇 문장을 작성했나요?

기록하면서 느낀 점은 무엇인가요?

그것을 통해 발견한 '나'는 어떤 사람인가요?

　무엇을 써야 할지 몰라 어려움을 겪었을 수 있습니다. 이렇게 적는 것이 맞는지 염려했을 수도 있고요. 걱정할 필요 없습니다. 많은 사람이 여러분과 비슷한 반응을 보이니까요. 내용 또한 한정적인 경우가 많습니다. 대게 '나'를 겉으로 보이는 조건으로 설명하죠. 이름, 사는 곳, 전공, 경력, 가족관계 같은 것으로요.

　그러나 우리가 먼저 찾아야 할 것은 나의 '내면'에 관한 것들입니다. 예를 들면 내가 좋아하는 것, 두려워하는 것, 염려하는 것, 하고 싶은 것, 꿈꾸는 것, 잘하는 것, 지키고 싶은 것, 옳다고 믿는 것, 추억하는 것 등을 시작으로 나 자신을 구성하는 모든 것에 대해 작성하는 겁니다. 이 관점에서 다시 한 번 아래의 문장들을 완성해 보세요.

★ 나는 일기를 쓰면서 **혼자만의 시간을 가질 때 마음이 편해지고 정리가 되는** 사람입니다.

★ 나는 _____ 사람입니다.

★ 나는 _____ 사람입니다.

★ 나는 _____ 사람입니다.

★ 나는 _____ 사람입니다.

★ 나는 _____ 사람입니다.

★ 나는 _____ 사람입니다.

★ 나는 _____ 사람입니다.

★ 나는 _____ 사람입니다.

★ 나는 _____ 사람입니다.

서른이 지나도 아직 나를 모른다

방금 작성한 문장들을 다시 한번 살펴보세요. 어떤 생각이 드나요?

이 문장들은 어떤 공통점을 보이나요?

나에 대해서 새로 발견한 내용이 있다면 무엇인가요?

공통점

_____

새롭게 발견한 것

_____

혹시 내용이 치우치지는 않았나요? 나의 단점과 같은 부정적인 이야기만 썼다거나, 직장이나 일과 관련한 내용, 가족이나 주변 사람에 관한 내용, 또는 가지고 싶은 것이나 바라는 것만 써서 내용을 채운 것은 아닌지 살펴보세요.

'나를 본다.'라는 것은 '나를 둘러싼 모든 것을 균형적으로 바라본다.'라는 것입니다. 당신이 치우쳐 있는 그곳은 어쩌면 당신이 가장 애쓰는 곳이거나 아픈 곳일지 모릅니다. 이 점에 유의하며 마지막으로 한 번 더 문장을 완성해 보세요. 생각할 시간을 충분히 가진 후에 작성해도 좋습니다.

★ 나는 _____ 사람입니다.

★ 나는 _____ 사람입니다.

★ 나는 _____ 사람입니다.

★ 나는 _____ 사람입니다.

★ 나는 _____ 사람입니다.

★ 나는 _____ 사람입니다.

★ 나는 _____ 사람입니다.

★ 나는 _____ 사람입니다.

★ 나는 _____ 사람입니다.

★ 나는 _____ 사람입니다.

  몇 문장만으로 자신을 설명하기에 우리는 참 복잡한 존재
입니다. 앞으로 나에 대해 알아 가고 친해지는 시간을 갖는
것이 정말 중요해질 겁니다. 나의 성격, 강점, 단점, 믿음, 감

정, 가치, 습관, 취미, 관계 등 나를 구성하는 수많은 것들에 대해 이해하는 시간을 가져 보세요. 그 시간이 단단하게 쌓이면 삶이 당신을 흔들어도 앞으로 나아갈 방법을 찾을 수 있습니다.

나에 대해 작성하면서, 가장 크게 마음에 남은 것은 무엇인가요? 시간이 흘러도 기억할 수 있도록 마지막으로 한 문장을 남겨 보세요.

_____

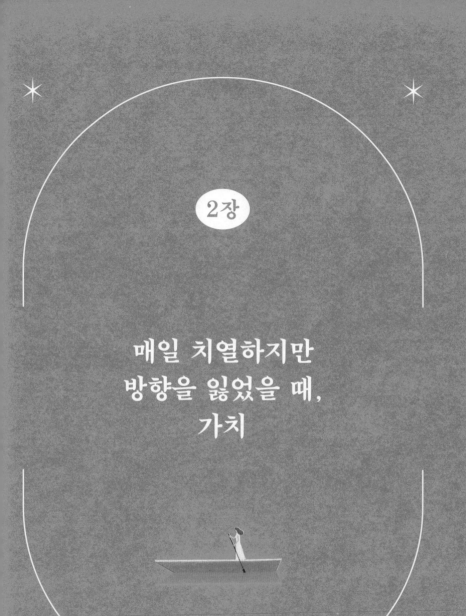

2장

매일 치열하지만
방향을 잃었을 때,
가치

10년 뒤에
나는 어떻게 지내고 있을까?

삼십 대 중반의 진호 씨는 유통업계 대기업 7년 차 직원입니다. 그는 자신의 커리어를 소개하며 회사에서 빨리 성공하는 것이 목표라고 말합니다. 그래서 코칭 주제도 '최연소 임원 되기'로 잡았지요. 제게 기업의 팀장이나 임원을 만날 기회가 많았을 테니 빨리 리더가 될 묘책을 알려 달라고 합니다.

그런 진호 씨는 코칭 첫날부터 지각입니다. 유통업이 한창 대목이라 이 시간에 빠져나오는 것도 눈치 보였다며 가쁜 숨을 몰아쉬었지요. 우선 진호 씨가 선택한 주제로 이야기를 나누었습니다. 그런데 어쩐지 대화가 겉돌았습니다. 질문에 장황하게 답변하지만, 그 내용은 누구나 할 수 있는 대답과 추상적인 이야기뿐이었거든요. 그래서 그에게 과제를 하나 내주었습니다. 다음 코칭 때까지 자신이 원하는 임원의 모습이 무엇인지 구체적으로 정리해 오기로요.

하지만 2주 후에 만난 진호 씨는 너무 바빠서 과제를 못 해왔다며, 그간 갑자기 떨어진 프로젝트 때문에 얼마나 정신없이 지냈는지 변명을 늘어놓기 시작했습니다. 왠지 목표에서 멀어지고 있다는 느낌이 들어 그에게 물었습니다.

"제가 느끼기에는 코칭에 영 집중하지 못하시는 것 같아요. 진호 씨 생각에는 어떠세요?"

"아, 그래요? 저는 잘 모르겠는데요."

"회사에서 임원이 되는 것이 진호 씨가 진심으로 원하는 목표인가요? 제가 드리는 질문에 답은 잘하시지만, 그 답이 주체적인 언어나 감정로 구성되어 있는지는 잘 모르겠어요."

진호 씨는 한동안 말이 없었습니다. 그리곤 다음 시간까지 자신이 진심으로 원하는 목표가 무엇인지 다시 한번 생각해 보겠다고 했습니다.

10년 후,
어떤 모습으로 누구와 함께 있고 싶나요?

세 번째 만나던 날, 진호 씨의 표정이 이전과는 사뭇 다르게 느껴졌습니다.

"오늘은 지난번과 좀 달라 보여요. 특별한 일이라도 있었나요?"

"지난번에 제게 임원이 되는 게 진짜 목표가 맞냐고 물어보셨죠. 사실 좀 당황스러웠어요. 다른 목표는 생각해 본 적도 없거든요. 그래서 많이 고민했어요."

"그러셨군요."

"그러던 중에 친한 선배와 점심식사를 했어요. 고등학교 선배이기도 하고 회사도 같이 다닌 각별한 사람이에요. 그런데 얼마 전 선배가 갑자기 회사를 그만두었어요. 그 선배, 일도 잘하고 윗분들과 관계도 좋았거든요. 그만둔다고 했을 때 모두 놀랄 수밖에 없었죠.

회사를 그만둔 후에 따로 만난 건 처음이어서 물어봤어요.
왜 그만두었냐고요."

"뭐라고 하시던가요?"

"미친 듯이 일에만 둘러싸여 살다가 불현듯 자신에게 물어
봤대요. '너 지금 잘 살고 있는 거냐?'라고요. 그런데 잘 사는
것 같지 않아서, 제대로 살고 싶어서 그만뒀대요. 일이 인생
의 전부가 아니라고, 저한테도 자신을 너무 괴롭히지 말래요.
본인은 지금 정말 행복하다면서요."

진호 씨는 절친한 선배의 이야기에 무척 충격을 받은 것처
럼 보였습니다.

"선배와 이야기하며 어떤 생각이 들었어요?"

"나는 잘 살고 있나…… 싶었어요."

"지금 잘 살고 있는지 어떻게 판단할 수 있을까요?"

"……."

"10년 후에 어떤 모습으로, 누구와 함께 있고 싶으세요?"

"……."

또다시 진호 씨의 말문이 막혔습니다. 무거운 침묵이 흐른 뒤 진호 씨는 어렵게 입을 열었습니다.

"다른 건 잘 모르겠지만……, 하나만은 분명해요. 10년 후의 저는 지금의 선배들처럼 일밖에 모르는 사람으로 살고 싶지는 않다는 거예요. 어쩌면, 빨리 승진하는 것보다 더 중요한 무언가가 있을지도 모르겠어요."

당신,
어디로 가고 있나요?

삼십 대는 마음이 전력 질주하는 시기입니다. '적당히 즐기며'나, '긴 호흡을 가지고'가 어렵죠. 그래서 진호 씨처럼 바쁘게 달려가면서도 정작 자신이 어디를 향해 가는지 모를 때가 많습니다. 누군가 당신이 달려가는 그곳이 정말 원하는 곳이 맞냐고 물을 때면 당혹스러워집니다

매일 열심히 사는데도 제대로 사는 건지 의문스러울 때도 있습니다. 하고 싶은 일, 해야 하는 일이 너무나 많은데 무엇부터 해야 할지 몰라 혼란스러울 때도 있고요. 점점 더 많은

서른이 지나도 아직 나를 모른다

역할이 주어져 지치고, 무얼 하든 완벽하지 않은 것 같아 힘겨울 때도 있습니다.

그럴 때 우리가 살펴봐야 할 것이 바로 **가치**입니다. 나는 어떤 가치를 가지고 있는지, 그 가치를 삶에서 얼마나 충족시키며 살고 있는지 나 자신에게 물어봐야 합니다.

가치는 방향입니다. 삶의 나침반, 표지판 같은 것이지요. 내가 지금 어디로 가고 있는지, 또 어디로 향해 가야 할지 알려 주는 기준이기 때문에 삶에서 중요한 것, 양보할 수 없는 것, 지키고 싶은 것의 우선순위가 무엇인지를 알게 해 줍니다.

예를 들어 '성장'이 가치인 사람과 '안정'이 가치인 사람은 같은 상황에서도 조금씩 다른 선택을 할 겁니다. 그에 따라 이들의 삶에는 조금씩 차이가 생길 테고, 인생의 종착점 즈음에는 전혀 다른 곳에 있게 될 겁니다. 삶의 배경이 완전히 달라지는 거죠.

이처럼 가치는 '나는 지금 어디로 가야 할까?'라는 질문에 답을 알려 줍니다. 삶의 우선순위가 흔들릴 때마다 중심을 잡아 주고, 해야 할 것과 하지 말아야 할 것, 공들여야 하는 것과 스쳐 지나가도 좋은 것을 분류해 주지요. 어디에 집중해야 할지 잊지 않게 해 주는 역할을 하는 겁니다.

가치는 내가 선택하는 것입니다. 수많은 가치 중에서 어떤 것을 좇아 살아갈지는 스스로 결정해야 해요. 인생의 우선 가치를 잘 구별하면서 살면 훗날 인생을 돌아보았을 때 후회 없이 '나답게 살았다.'라고 말할 수 있습니다. 반대로 무엇이 내게 중요한지를 고려하지 않고 살다 보면 남이 바라는 인생을 살거나 누군가 요구한 대로 삶을 살게 됩니다.

물론 나이가 들면서 중요하게 여기는 것이나 가치가 바뀔 수도 있습니다. 시기와 상황에 따라서요. 그 선택에는 좋고 나쁨이 없습니다. 다만 선택한 가치를 따라 달리고, 멈추고, 때로는 방향을 바꿀 수 있는지가 중요합니다. 이렇게 삶의 기어 변경이 가능할 때 삶의 주도권을 감각할 수 있습니다.

가치란 우리가 말하는 목표나 꿈 같은 것과는 다릅니다. 목표나 꿈은 원하는 것을 설정하고 그것을 얻으면 끝나지만, 가치는 목표까지 가기 위한 조종 키이므로 한가지 목적지에 도착했다고 해서 끝나는 게 아닙니다. 보다 여정이 길다고 할 수 있죠.

가족을 위해 '내 집을 마련할 거야!'라는 목표를 세웠다면 내 이름으로 된 집 계약서를 갖는 순간 목표는 끝나지만, '가정', '사랑'이라는 가치는 그 이후에도 삶에 영향을 미칩니다. 나를 이끌던 그 가치들이 또 다른 목표를 세울 테니까요. 이렇게 가치는 삶이 다하는 순간까지 지속됩니다. 어쩌면 그보다 더 멀리 영향을 주기도 합니다. 나를 사랑하는 사람들이 내가 추구해 온 가치로 나를 기억해 줄 테니까요.

삶에는 목표와 과제, 문제가 끊이질 않습니다. 늘 새로운 것들이 모퉁이에서 기다리고 있지요. 우리는 그때마다 최선을 다해 위기를 극복합니다. 그러다 문득 고개를 들었을 때는 내가 어디쯤 와 있는 것인지, 다음에는 어디로 가야 하는지 길을 잃기도 하지요. 그럴 때 가치가 정렬되어 있으면 삶의 방향이 크게 흔들리지 않습니다. 크고 작은 문제를 안고 살아가더라도요. 가치가 잘 정렬된 사람들은 오늘이라는 시간이 쌓여서 무엇이 만들어지는지 알기에 자기확신과 만족을 느끼면서 살아갈 수 있습니다.

만약 가치대로 사는 삶이 아니라 해야 할 일의 리스트로, 또는 하고 싶은 일들로만 하루, 일주일, 1년을 채워 간다면 삶이 당신을 흔들 때마다 불안할 겁니다. '이게 맞나?', '나는 왜 열심히 살아도 매일 제자리지?'라는 의심과 후회를 반복하게 될 테고요.

바쁠수록, 힘들수록 잠시 멈추어서 나의 가치를 들여다보세요. 내가 지금 어디로 가고 있는지 답해 줄 수 있는 것은 당신의 우선 가치입니다.

제대로
살고 있는 것 같지 않다면

어쩌면 빨리 승진하는 것보다 더 중요한 것이 있을지도 모르겠다는 진호 씨에게 가치란 무엇이고, 그것이 삶에 어떤 의미가 있는지 설명했습니다. 그리고 삶의 방향과 우선순위를 잡아 줄 50가지 가치가 적힌 '가치 카드'를 테이블에 늘어놓았습니다.

"여기, 50개의 가치 단어가 있습니다. 여기서 단번에 내 삶의 가치를 찾아내는 건 어려운 일이에요. 선택하려고 보면 이게 내 가치인지 아닌지 잘 모르겠다 싶은 단어도 있을 거예요. 그럴 때는 자신에게 물어보세요. 인생의 마지막 순간에 '후회 없이 잘 살았다. 수고했어, 나답게 잘 살아왔어.'라고 말하려면 어떤 가치를 선택해야 할까요?

먼저 가치 카드를 두 그룹으로 분류하도록 했습니다. 왼쪽에는 '내 가치처럼 느껴지는 단어'를, 오른쪽에는 '내 가치가 아니라고 느껴지는 단어'를 놓게 했습니다. 헷갈릴 때는 인생의 마지막 순간을 떠올리며 직관적으로 선택하기로 했습니다.

진호 씨는 어떤 카드는 보는 즉시 왼쪽에 놓았습니다. 또 어떤 카드는 한참을 들여다보며 고민한 후에야 선택했습니다. 왼쪽에 놓았다가 오른쪽으로 자리를 바꾼 카드도 있었습니다. 분류를 마친 진호 씨가 크게 숨을 내쉬었습니다.

"이거, 쉽지 않네요."

"그렇죠? 누구나 그래요. 이제부터 내 것이 아니라고 빼 둔 카드는 치우고, 왼쪽에 있는 가치 카드를 다시 분류해 볼 거예요."

◎ 삶을 이끄는 50가지 가치 카드 ◎

가족	도전	소통	인정	최상
건강	명예	신뢰	자율	책임
공정	목표	신속	자존	충성
관용	변화	안정	정직	탁월
권위	봉사	역량	조화	평화
균형	부유	열정	존경	학습
긍정	사랑	예술	종교	헌신
다양	성실	예의	지식	협력
단순	성장	유머	지혜	효과
도덕	성취	인내	창의	효율

같은 방식으로 다시 분류를 시작했습니다. 왼쪽에는 '더 내 것처럼 느껴지는' 가치를, 오른쪽에는 '덜 내 것처럼 느껴지는' 가치를 두기로 했습니다. 진호 씨의 표정이 더욱 진지해 졌습니다. 그는 가치 감별사처럼 정성을 쏟아 카드를 분류했 습니다.

"점점 더 복잡해지고 있어요."

"진짜 내 가치를 찾기 위해서는 시간이 필요해요. 지금은 저와 방법을 익힌다고 생각하고 편하게 선택하세요. 왼쪽에 둔 가치 카드가 15장이네요. 이제 여기서 6장만 골라내면 됩 니다. 다음과 같은 순서로요."

나만의 6가지 가치 카드를 선택하는 방법

❶ '다른 것과는 바꿀 수 없을 만큼 중요하다.'라고 생각하는 가치 카드를 2장 고른다.

❷ 남은 카드 중에서 '이것이 있어야만 살아 있음을 느낀다.'라고 생각하는 가치 카드를 2장 고른다.

❸ 누군가 '당신은 어떤 사람인가요?'라고 물었을 때 자신을 설명할 수 있는 가치 카드를 2장 고른다.

진호 씨는 마지막 질문에서 오랜 고민을 했습니다. 그렇게 최종 선발한 6장의 가치 카드를 그 앞에 펼쳐 놓았습니다. 진호 씨가 고른 우선 가치는 아래와 같았습니다.

가족 　가족과 함께 양질의 시간을 함께함
균형 　어느 한쪽으로 치우치지 않고 중심을 잡음
긍정 　낙관적이고 희망적인 자세를 가짐
변화 　현재에 머무르지 않고 계속 새로운 것을 추진함
지식 　경험과 학습을 통해 이해가 깊어짐
창의 　고정관념의 탈피, 새로운 아이디어를 떠올림

잊고 있었다, 내게 중요한 것들

오직 회사에서 더 빨리, 더 높은 자리에 오르는 것만이 목표라던 진호 씨가 선택한 가치에 성공, 성취, 명예 등은 없었

습니다.

"가치 카드를 선택하면서 어떤 생각이 들었어요?"

"한 가지를 선택하는 게 어려웠어요. 하나를 선택하면 다른
하나는 포기해야 하니까요. 그런 것들을 구분하며 사는 게 어
렵지만 중요한 일이라는 생각이 들었어요."

"자신이 선택한 가치들은 어때요?"

"하하하! 왜 이렇게 웃음이 나죠? 제가 이런 사람이었다니.
맞아요. 그동안 제가 중요하게 생각하는 것들을 잊고 있었어
요."

가치 카드를 보며 생각에 잠긴 그에게 임원이 되고 싶은
진짜 이유가 무엇인지 물었습니다.

"임원 정도는 해야 성공한 삶이라고 할 수 있으니까요."

그는 임원이 되고, 외제 차를 타고, 크고 좋은 집에 살아야
'남들 보기에 좋은 삶'이라고 생각해 왔습니다. 그것은 부모
가 요구한 삶이기도 했고, 언제부터인가 자신의 기준이 되기

도 했습니다.

진호 씨가 선택한 가치와 그의 실제 삶을 비교해 보니 그가 지금껏 '제대로 살고 있는 것 같지 않다.'라고 느낀 이유를 이해할 수 있었습니다. '가족'과 '균형'이라는 가치를 가장 먼저 선택했지만, 그는 지금까지 가족과 눈을 맞추고 마음을 나눌 만한 시간도 에너지도 없었습니다.

진호 씨는 정말 열심히 일했습니다. 아침 8시에 출근해서 저녁 10시가 넘어서야 퇴근했습니다. 집에서도 수시로 노트북을 열었고, 때로는 주말 근무도 강행했죠. 늘 회사 일이 우선이었습니다. 그러는 사이 가족 간의 갈등은 깊어만 갔습니다. 소중한 아이들과는 시간을 보내지 못했고, 아내와 오해만 쌓여 갔죠. 가족은 아빠와 남편을 잃어버리고 있었습니다.

게다가 진호 씨는 혼자 생각할 시간을 가지며 미래를 꿈꾸는 일을 즐기는 사람이었습니다. 자기만의 세계에서 마음껏 상상력을 펼치고 그것을 실현하는 것을 즐거워했죠. 직무인 마케팅도 그런 이유로 선택했다고 했고요. 그러나 이제는 커피 한잔 마시면서 생각에 머물 여유조차 갖기 어려워졌습니다. 그의 머릿속은 해치워야 할 회사 일들로 가득 차 버렸어요. 진호 씨는 1년 후 자신의 모습도 그려 볼 수 없는 사람이 되어 있었습니다.

그렇게 오랫동안 초점 없이 한 곳만 바라보고 달리다 보니 '긍정'과 '변화'를 느껴 본 지도 오래였습니다. 진호 씨는 남들보다 빠르게, 높게, 강해지기 위해 버티는 매일을 보내고 있었어요. 그것은 자신이 지향하는 삶이 아니라는 것을 잊은 채로요.

다른 사람의 눈에는
내가 어떻게 보일까?

사회심리학자 토리 히긴스Tori Higgins의 말에 따르면 우리는 자신을 '실제자기(The actual self)', '이상자기(The ideal self)', '당위자기(The ought self)'로 나누어 인식합니다.

실제자기란 거울로 관찰할 수 있는 것, 즉 키, 외모와 같은 외적인 요소 및 직업, 수입, 능력 등의 조건을 포함한, 현재 관점에서 있는 그대로의 자기 자신을 말합니다.

이상자기란 지금 일어난 일은 아니지만, 앞으로 일어날 좋은 일들을 상상하면서 꿈꾸는 이상적인 자기 자신의 모습입니다. 예를 들어 '연봉이 더 높은 회사에 가면 얼마나 좋을까?', '내가 저 연예인처럼 예쁘고 날씬해진다면 얼마나 좋을까?' 하고 생각하는 것이지요.

당위자기란 자신이 가져야만 한다고 의무적으로 느끼는 자기 모습입니다. 예를 들어 '부모님이 원하시니까', '장남, 장녀니까', '△△출신이니까'라는 관점으로 자신을 바라보는 것입니다.

보통 어떠한 실제자기, 이상자기, 당위자기를 가졌는지, 그리고 이것이 얼마나 차이가 나는지에 따라 다른 감정을 경험하게 됩니다.

먼저 자신이 생각하는 실제자기와 이상자기 간의 차이가 크면 낙담하게 됩니다. 사소한 실수에도 자신을 원망하고 무력감을 느끼며 다른 활동에도 흥미를 잃지요. 반면 실제자기와 당위자기 간의 차이가 적으면 걱정, 염려, 공포가 많아집니다. 실제자기와 이상자기의 차이는 우울증과 관계 있고, 실제자기와 당위자기 사이의 차이는 불안 증세와 상관관계가 있다는 연구 결과도 있습니다.

진호 씨는 당위자기에 대한 압박감이 컸습니다. 항상 '임

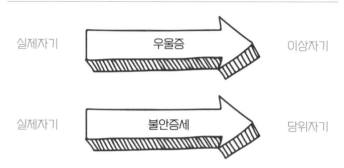

실제자기   우울증   이상자기

실제자기   불안증세   당위자기

실제자기와 이상자기 사이의 차이는 우울증, 실제자기와 당위자기 사이의 차이는 불안 증세와 상관관계가 있다고 한다.

원이 되어야 한다.', '성공해야 한다.'라는 긴장감이 있었지요. 동기들 사이에서 튀어야 한다는, 살아남아야 한다는 염려로 정작 '진짜 나'를 바라보지 못했습니다. 그것은 동료들의 시선, 혹은 부모의 기대가 만들어 낸 '가짜 나'였습니다.

진짜 나와 어울려 살아가는 방법

한 방송에 우리나라 엄마들의 뇌를 분석하는 흥미로운

실험이 소개되었습니다. 엄마들에게 특정 자극을 준 후 뇌 fMRI(기능적자기공명영상)를 분석하는 연구인데, "우리 아이가 90점 맞았어요."라고 했을 때는 뇌가 별 반응을 보이지 않다가, "우리 아이는 70점 맞고, 옆집 아이는 50점 맞았어요."라고 했을 때 즐거움과 보상을 담당하는 쾌락중추가 활성화된 것입니다. 이에 대해 전문가는 "우리는 자신을 바라보는 자기개념을 가진 게 아니라, 제3자의 시선에 따라 기쁨과 즐거움을 결정하는 경향이 있기 때문"이라고 설명했습니다.

이처럼 우리는 뇌 신경조차 타인에 민감하게 반응하며 살아갑니다. 그러나 당위자기에 쫓기는 인생을 살면 바람이 세게 불 때마다 방향성을 잃게 됩니다. 중심 없는 삶은 결국 '나는 지금까지 무엇을 한 것인가?'라는 무기력함과 허무함에 도착하기 마련이지요.

또 우리는 이상자기를 꿈꾸며 실제자기를 인정하지 않으려고 할 때도 있습니다. 손안에 쥔 보석은 보지 못한 채 잡히지 않는 파랑새만 꿈꾸는 것과 같지요. 그러면서 파랑새를 잡지 못하는 자신을 원망하고 탓합니다. "나는 아무것도 할 수 없어."라고 되뇌면서요. 또는 "내가 제대로 마음만 먹으면……."이라며 비겁한 자기변명과 위로에 빠지기도 하고요.

이렇게 이상자기와 당위자기가 실제자기를 위협하기 시작했다면, 변화가 필요합니다. 이것은 주체적인 삶이라 할 수 없어요. 이상자기를 위해 노력하되, 나를 잃어버리지 않아야 합니다. 당위자기를 의식하되, 주도권을 잃지 않아야 합니다. 실제자기를 있는 그대로 받아들이고 인정하며 사랑하는 방법, 즉 진짜 나와 어울려 살아가는 방법을 터득해야 합니다.

남은 건 진호 씨가 당위자기에서 벗어나 실제자기로 살아가도록 돕는 것이었습니다. 그러기 위해서는 자신의 가치에 맞게 살아가도록 방향을 잡아 주어야 했죠. 나의 가치 6가지를 찾는 것은 시작점일 뿐입니다. 그것이 살아 숨 쉬게 하려면 그 가치들을 이루기 위해 구체적으로 무엇을 하는지 알아야 해요. 그에게 물었습니다.

"6가지 가치와 관련해 현재 무엇을 실천하고 있나요?"

그는 쓸쓸한 미소로 답을 대신했습니다. 우리는 6가지 가치를 위해 할 수 있는 일들을 함께 찾아보기로 했습니다. 그가 쓴 내용은 다음과 같았습니다.

가족	일주일에 두 번 '칼퇴'하기, 매주 수요일마다 가족들과 1시간씩 산책하기
균형	두 달에 한 번씩 가족들과 캠핑 가기, 주말 아침마다 30분씩 조깅하기
긍정	출근해서 이메일을 열기 전에 10분간 커피 마시기
변화	새로운 마케팅 기획안 작성하기
지식	출퇴근길에 3페이지 이상 책 읽기
창의	현재 갖고 있는 사업 아이디어를 구체화해 보기

가치에 따라 사는 것은 거창하고 대단한 일이 아닙니다. 인생을 걸 만큼 야심 찬 목표부터 하루 10분씩 하면 되는 작은 실천에 이르기까지 방향을 바로잡고 나아가기 위해 무언가 하고 있다는 것만으로 충분합니다. 가치와 연결된 그 10분이 당신의 한 달, 1년, 10년 후를 만들어 낼 테니까요.

이제 당신 차례입니다. 당신의 6가지 가치는 무엇인가요? 오늘 당신의 시간은 어떤 활동으로 채워져 있나요? 하루 중에서 당신이 선택한 시간은 얼마나 되나요? '당신은 잘 살고 있나요?'라는 질문에 뭐라고 답할 수 있나요?

내 삶의 우선순위를
정하라

저 역시 여러 역할을 수행하며 사느라 숨 가쁠 때가 많습니다. 매 시간을 쪼개며 살아가는데도 놓치는 게 많다고 느끼죠. 마음만 분주하고 정작 제대로 하고 있지 않다는 압박감과 죄책감이 몰려오곤 합니다.

이렇게 일상의 균형을 잃어간다는 느낌이 들 때면 루틴처럼 지키는 일이 있습니다. 우선 시간을 내어 분위기 좋은 카페에 자리를 잡습니다. 그리고는 가치 카드를 꺼내 '내 삶을 이끄는 6가지 가치'를 재확인하는 작업을 시작합니다. 총 50

가지 가치 카드 중에서 딱 6가지를 선택하는 일은 저에게도 쉽지 않습니다. 삶의 우선순위를 정렬하기 위해서 반드시 몇 가지는 내려놓아야 하는데, 그간 중요하다고 생각하며 살아온 것들에 일일이 순서를 매겨야 하니까요. 저 자신에게 몇 가지 질문을 던지며 가치를 추려 냈습니다.

"이것이 없으면 삶에 에너지가 떨어지고 무기력해진다.'하는 것이 있다면 무엇인가?'

'내가 죽음을 맞이했을 때, 이번 인생을 잘 살아 냈다고 느끼게 해 줄 것들은 무엇인가?'

'무엇이 있어야 '나답게' 지낼 수 있는가?'

단번에 6가지 가치를 골라내기는 어렵습니다. 앞서 진호 씨가 그랬던 것처럼 가치를 선택할 때는 충분히 시간을 가져야 하죠.

제가 심사숙고 끝에 최종 선택한 6가지 가치는 다음과 같았습니다.

가족   가족과 양질의 시간을 함께함

건강	정신적, 육체적으로 튼튼함
성장	자기계발, 계속 확장하고자 함
자율	스스로 조절하여 절제함
지혜	깊은 이해력과 통찰력
탁월	남보다 두드러지게 뛰어난 성질을 가짐

그다음으로 할 일은 자신이 이 6가지 가치에 따라 살고 있는지 생각해 보는 것입니다. 제 삶에서 가장 잘 반영되고 있는 가치는 '자율', '지혜', '탁월'이었습니다. 프리랜서로 활동하면서 제가 원하는 일과 시간을 조절할 수 있다는 것이 '자율'의 숨통을 틔워 주었습니다. 코칭을 통해 많은 사람을 만나면서 삶의 '지혜'를 배우고, 강의든 코칭이든 마음에 들 때까지 하는 고집스러움 덕분에 '탁월' 가치도 충족되고 있었지요. 이 세 가지의 가치가 잘 작동한 덕분에 벅찬 일상을 버틸 수 있었습니다.

한편 상대적으로 충족하지 못하고 있는 가치는 '가족', '건강', '성장'이었습니다. 삶에 전환기를 가져다준 '가족'이 소중한 존재임을 알면서도 함께 시간을 보낼 때 머릿속으로는 다른 할 일들을 챙기기에 바빴습니다. 일과 가정을 오가며 어디에서든 미안하고 불안했습니다. '건강'도 마찬가지입니다. 건강은 하고 싶은 것들을 더 많이, 오래 할 수 있게 해 주는 우선 가치인데도 그것을 위해 아무 노력도 기울이지 않았습니다. 아픈 곳은 늘어만 가는데 저를 계속 몰아붙이기만 했어요. '성장' 가치도 돌보아야 했습니다. 근래에는 바쁘다는 이유로 제가 하고 싶은 공부를 하지 못했거든요. 새로운 분야의 책을 읽지 못하고 워크숍에도 참석하지 못하면서 갈수록 질적인 성장에 갈증을 느꼈습니다.

그저 바쁘기만 한 삶에서 벗어나기

각각의 가치에 에너지를 골고루 배분하지 못했기 때문에 그저 바쁘기만 했던 겁니다. '내가 지금 잘 살고 있는 건가?' 하고 의구심이 드는 것도 당연하죠. 누구나 의미 있는 삶을 지향합니다. 다만 의미 있는 삶의 기준이라는 것이 정확히 정해져 있는 것은 아닙니다. 내 가치와 정렬된 하루를 살아갈 때 충만감이 발생하고 그것을 만끽하게 되는 것이지요.

시간을 지금까지와는 다르게 써야 합니다. 그래서 다이어리에 빼곡히 적힌 할 일 목록 대신 '가치 시간표'를 작성하기로 했습니다. 가치 시간표란 말 그대로 가치 중심으로 짜인 일정표입니다. 가치마다 지향하는 행동을 구체적으로 계획하고 그것을 실행할 시간을 적어 넣으면 끝입니다.

우선 가족을 위해 한 달 동안 토요일 일정을 비우기로 했습니다. 그 시간에 아이들과 함께할 놀이도 준비해 보았지요. 또 운동화를 사무실에 가져다 놓았습니다. 다이어리에 적어 둔 건강 목표인 '식사 후에 30분 걷기'를 하기 위해서요. 미루던 워크숍도 다른 일정을 조정해 예약해 두었습니다. 이렇게 일정을 가치 중심으로 대체하며 자신을 관찰하기로 했습니다.

보통 우리는 '해야 하는 일'로 하루를 채웁니다. 가정과 회사에서 급하게 처리해야 할 일에 시달리다 보면 당연한 일이지요. 그러나 이렇게 시간을 양보하기 시작하면 결국 진짜 중요한 것을 놓치게 됩니다.

당신이 독박육아에 지친 전업주부거나 집과 회사 사이에서 널을 뛰는 워킹맘이어도, 회사에 발목이 묶인 직장인이어도 가치 시간표를 운영할 수 있습니다. 하루 30분만 투자해도 좋고, 주말 반나절이나 한 달 중 하루만이라도 좋습니다.

상황이 허락하는 범위 내에서 당신의 가치를 위한 활동 한 줄을 만드세요. 절대로 양의 문제가 아님을 기억하세요! 많이 이루는 것이 목적이 아닙니다. 또 하나 주의할 점은 시간을 미리 정해 두고 그 시간만큼은 절대로 양보하지 않아야 한다는 것입니니다.

'지금 하는 일만으로도 벅찬데 어떻게 가치 시간표까지 챙기며 살아?'라는 생각이 들 수도 있습니다. 그럴 때면 먼저 불필요한 시간을 정리하세요. SNS를 떠도는 시간, 아직 벌어지지 않은 일에 걱정을 쏟는 시간, 친하지도 않은데 남자친구와 싸웠을 때만 전화해 시간을 빼앗는 친구와 통화하는 시간 같은 것을 나를 위해 쓰기로 결정하세요.

또는 활동하는 시간을 줄여 보세요. 모든 일에 완벽하려고 애쓰지 말고, 어떤 일은 적당한 선에서 마무리해야 합니다. 모든 부분에서 100점을 맞으려고 하면 당신을 위한 가치 활동 시간을 내기가 점점 더 어려워집니다.

그리고 할 일을 미리 준비해 두세요. 어떤 사람들은 갑자기 시간이 나면 당황스럽다고 하더군요. 그 시간에 무엇을 해야 할지 몰라 게임을 하거나 웹툰을 보는 데 시간을 다 쓴다고요. 시간을 좀 더 잘 쓰고 싶어도 방법을 모르겠다고 말하기도 하죠. 그럴 때 난감해하지 말고 미리 계획한 가치 행동을 하면 됩니다. 오히려 갑작스러운 공백을 반가워하면서 내 가치를 위해 시간을 사용하세요.

물론 통제할 수 없는 이유로 계획대로 되지 않을 때도 있을 겁니다. 때로는 그냥 하기 싫은 날도 있을 거고요. 괜찮습니다. 가치 시간표를 짜는 이유는 새로운 굴레에 당신을 가두려는 것이 아니에요. 나의 가치를 확인할 수 있는 활동, 내가 어렵지 않게 할 수 있는 활동으로 조절하면 됩니다.

하루는 만족스럽고, 또 하루는 아쉬운 시간을 보내다 보면 내 삶이 삐뚤삐뚤 엉망으로 그려진 선은 아닐까 염려스러울 수 있습니다. 그러나 가치 시간표에 맞춰 살다 보면 알 수 있습니다. 방향이 분명한 시간은 일직선이 아니라 흐를수록 거대하게 상승하는 곡선이란 것을 말이지요.

중요한 가치를 지키며 자신의 시간을 꾸려 온 사람들은 자신이 살아온 시간을 하나의 이야기로 연결 지어 생각합니다. 모든 사건이 의미 있었고 그것이 내 삶을 더 풍요롭게 만들었다고 회고합니다. 반대로 타인 중심의 시간을 살아온 사람들은 자신의 선택을 의심하고 후회합니다. '그 사람은 만나지 말걸.', '그 일은 하지 말걸.' 하면서 나 스스로와 단절된 삶을 살아갑니다.

당신의 삶을 살아가세요. 당신이 원하는 방향을 향해 시간을 사용하세요. 삶의 과제에 허덕이고 있다면, 깊은 웅덩이에 빠지거나 방향을 잃어버렸다고 느낀다면 나의 24시간을 다시 설계해 보는 겁니다.

나에게 중요한 가치가 무엇인지 알고 가치 시간표를 통해 그것을 정렬하며 살다 보면 '이것이 내가 원하던 길인가?'에 대한 답이 조금씩 선명해질 겁니다. 삶의 고비에서 목표와 방향을 수정할 수 있을 뿐더러 언제 멈추고 쉬어야 하는지도 알 수 있게 됩니다.

SUMMARY

✦ 지금 내가 제대로 살고 있는 건지 의문이 들 때, 할 일이 너무 많은데 무엇부터 선택해야 할지 혼란스러울 때 우리는 **가치**를 살펴봐야 합니다. 가치는 삶의 방향 표지판 같은 것으로, 삶에서 중요한 것, 지키고 싶은 것의 우선순위를 알게 합니다.

✦ 수많은 가치 중에 어떤 것을 좇을 것인가는 스스로 선택하는 것입니다. 스스로 고민하여 정한 가치에 따라 살아가면 인생에 아무리 강한 폭풍이 불어도 나 자신을 지킬 수 있습니다.

✦ 책에 예시된 50가지 가치 카드를 참고하여 내 삶에서 가장 중요하다고 생각하는 가치 6가지를 선택해 보세요. 그리고 그 6가지 가치를 위해 나의 에너지와 시간을 얼마나 배분하며 살고 있는지 점검해 보세요. 만약 소홀하게 취급되고 있는 가치가 있다면, 당신이 느끼는 불만족을 해결할 단서가 거기에 있을 거예요.

✦ 내가 잘 살고 있는 건가 의문이 든다면 자신을 괴롭히는 대신 현재의 가치를 재정리하고 가치 시간표를 만들어 보세요. 삶의 가치가 정렬되면 목표와 방향이 분명해집니다.

워크시트
: 가치

가치는 삶의 우선순위입니다.
이럴 때 살펴보면 도움이 됩니다.

✦ 일상이 감당할 수 없을 만큼 빽빽하게 돌아갈 때

✦ 중요한 것을 놓치고 있다는 느낌이 들 때

✦ 매일 바쁘게 살아도 행복하지 않을 때

가치 선택하기

삶의 우선순위를 놓칠 때마다 중심을 잡고 기준을 만들어 줄 나만의 가치를 찾아보려고 합니다. 가치는 우리가 살아가며 만나는 수많은 결정과 선택의 기준이 되어 줍니다. 그래서 가치는 명사(none)가 아니라 동사(veb)입니다. 고정된 무엇이 아니라, 항상 살아 움직여서 당신의 방향을 만들어 갈 테니까요.

STEP 1. 나만의 가치 찾기

다음 페이지에 가치 단어 50가지가 있습니다. 이 페이지를 복사한 뒤 잘라 카드처럼 사용하거나 책에 표시하면서 나만의 가치를 찾아보세요.

가족	건강	공정	관용	권위
가족과 양질의 시간을 함께함	정신적, 육체적으로 튼튼함	공평하고 올바른 기준을 가짐	타인의 잘못을 너그럽게 이해하고 용서함	결정, 사람, 자산에 대한 권력을 소유함

균형	긍정	다양	단순	도덕
어느 한쪽으로 치우치지 않고 중심을 잡음	낙관적이고 희망적인 자세를 가짐	다양한 생활방식과 문화를 존중함	복잡하지 않음	선과 악, 옳고 그름을 판단함

도전	명예	목표	변화	봉사
정면으로 맞섬, 장애를 기회로 여김	훌륭하다고 인정 받음	목적을 이루기 위한 실질적 대상이 뚜렷함	현재에 머무르지 않고 계속 새로운 것을 추진함	타인을 돕고 사회를 개선함

부유	사랑	성실	성장	성취
많은 재산을 소유함	타인을 돕고 이해하려는 마음	말과 행동이 일치함, 꾸준하고 진실한 품성	자기계발, 자신을 계속 확장하고자 함	목적한 바를 반드시 이루고자 하는 마음

소통	신뢰	신속	안정	역량
뜻이 서로 통함, 이해하기 위해 노력함	사람의 능력, 자질, 성품에 대한 강한 믿음	빠르게 대처하여 행동함	달라지지 않고 일정한 상태를 유지함	일을 효과적으로 수행하는 스킬과 지식을 가짐

열정	예술	예의	유머	인내
어떤 일에 열렬한 애정을 갖고 열중하는 마음	연극, 영화, 그림, 문학 등 아름다움을 추구함	타인의 영역을 침범하지 않고 존중함	타인을 즐겁게 하는 말이나 행동	괴로움, 어려움을 참고 견디는 마음

인정	자율	자존	정직	조화
타인으로부터 존경과 칭찬을 받음	스스로 통제하여 절제함	자신의 품위를 스스로 지킴	마음에 거짓과 꾸밈이 없고 진실함	서로 잘 어울림

존경	종교	지식	지혜	창의
타인의 인격, 사상, 행위를 공경함	신에 대한 믿음	경험과 학습을 통해 이해가 깊어짐	깊은 이해력과 통찰력을 가짐	고정관념 탈피, 새로운 아이디어를 떠올림

최상	책임	충성	탁월	평화
달성 가능한 높은 기준을 추구함	행동과 결과에 대해 의무를 다함	이익에 따라 바뀌지 않는 진정한 정성	남보다 두드러지게 뛰어난 성질을 가짐	갈등 없이 화목한 상태

학습	헌신	협력	효과	효율
배워서 익힘	약속한 것에 대해 몰입함	그룹이나 팀에 협조하려는 노력	결과를 얻기 위한 적절하고 세밀한 실행	불필요를 최소화하고 적시에 결과를 도출함

❶ 자, 50가지 가치 카드를 눈으로 읽어 보세요

가장 먼저 '내 가치와는 거리가 멀다.', '내 가치가 아니다.'라고 느껴지는 단어부터 지워 나가세요. 카드처럼 잘라서 사용하고 있다면, '내 가치처럼 느껴지는 것'과 '내 가치가 아니라고 느껴지는 것'을 분류해 보세요.

❷ 남은 가치 단어들을 살펴봅니다

남은 단어 중에서 '내 가치'라고 느껴지는 단어에 동그라미를 쳐 보세요. 어렵게 느껴진다면 '인생의 마지막 순간에 "후회 없이 잘 살았다. 수고했어. 나답게 잘 살아왔어."라고 말할 수 있으려면 어떤 가치를 선택해야 할까?'라고 스스로에게 질문해 보세요.

❸ 선택한 가치 단어들을 살펴봅니다

이제부터 내 가치로 느껴진다고 생각했던 단어 중에서 최종 6가지를 선별해 볼 겁니다. 먼저 '다른 것과 바꾸거나 양보할 수 없을 만큼 중요하다.'라고 생각하는 가치 단어, 2가지를 고르세요.

2가지를 선택하고 남은 단어 중에서 '이것이 있어야 살아 있음과 활력을 느낀다.'라고 생각하는 가치 단어 2가지를 고르세요.

남은 단어 중에서 누군가 '당신은 어떤 사람인가요?'라고 물었을 때 자신을 설명해 줄 수 있는 가치 단어 2가지를 고르세요.

자, 당신의 선택한 최종 가치 6가지는 무엇인가요?

_____

_____

STEP 2. 나의 삶과 비교해 보기

이번에는 앞서 찾은 6가지 가치를 바탕으로 현재 삶이 운영되고 있는지 살펴보려고 합니다. 다음 질문에 답하면서 나의 하루는 가치를 제대로 향하고 있는지 체크해 보세요.

Q. 내가 선택한 가치 중에서 현재 삶에 충실히 반영되고 있는 것은 무엇인가요?

Q. 가치지향적인 삶을 위해 어떤 행동을 하고 있나요?

Q. 내 가치라고 생각되어 선택했지만, 실제로 행동하고 있지 않은 것은 무엇인가요?

Q. 앞으로 더 챙겨야 할 필요가 있는 가치는 무엇인가요?

Q. 현재 나의 시간은 무엇을 기준으로 움직이나요?

STEP 3. 가치 시간표 짜기

바쁜 일상에서 가치를 놓치지 않으려면 가치 시간표가 필요합니다. 가치 시간표는 일과에 가치가 반영될 수 있도록 계획하고 실행하고 재조정하는 방법입니다. 어릴 적 방학이 되면 동그라미에 그리던 '방학 시간표'를 기억하지요? 그것처럼 이 시간표에 나의 가치 행동이 담기도록 작성하는 겁니다.

❶ 내일 일과와 처리해야 할 일들을 떠올려 보세요. 이제 그 기록을 바탕으로 시간표를 만들 겁니다. 시간표는 기상부터 취침까지 모든 일을 빠짐없이 작성해야 합니다. '13~15시: 주간 회의'와 같은 식으로 시간대와 할 일을 구체적으로 써 보세요.

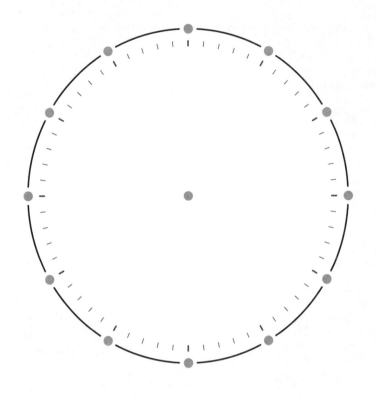

❷ 이제 시간표에 내일 할 일이 가득 채워져 있겠지요? 그 시간표를 따르며 당신의 6가지 가치를 어떻게 적용할 수 있을지 생각해 보세요. 다음의 질문을 활용하면 도움이 됩니다.

- 이번 한 주간 챙기고 싶은 가치는 무엇인가요?

- 그것을 위해 쓸 수 있는 시간은 얼마나 되나요?

- 그 시간 동안 당신이 할 수 있는 구체적인 행동은 무엇인가요?

- 언제, 어떻게 그 행동을 할 수 있을까요?

❸ 해치울 과제로만 매일을 채우면 '나는 대체 무얼 위해 살지?', '분명 열심히 사는데, 왜 이렇게 허전하지?'라는 고민에 부딪힙니다. 잠시라도 좋아요. 나의 가치를 위한 시간을 계획해 보세요. '건강'이 가치라면 20분 걷기, '가족'이 가치라면 아이와 블록 놀이 30분, '성장'이 가치라면 책 한 챕터 읽기와 같은 작은 일로 채워 넣으세요. 무엇을 해야 할지 잘 떠오르지 않는다면 100쪽에 있는 '가치 실천 아이디어'를 참고하세요.

❹ 일정 기간 시간표대로 살아 본 뒤, 다음 질문에 대해 곰곰이 생각해 보세요. 질문에 답하다 보면 나의 리듬의 가치 시간표를 만들 수 있습니다.

Q. 가치 시간표를 운영하면서 발견한 것이 있다면 무엇인가요?

Q. 가장 충실했던 가치는 무엇인가요?

Q. 가치를 추구하는 데 어떤 방법이 효과적이었나요?

Q. 그것을 위해 당신이 양보하거나 포기한 것은 무엇인가요?

Q. 그동안 가장 소홀히 여긴 가치는 무엇인가요?

Q. 그것을 지킬 수 없었던 이유는 무엇인가요?

Q. 그것이 여전히 중요한 핵심 가치라는 것을 어떻게 알 수 있나요?

서른이 지나도 아직 나를 모른다

Q. 가치 중에 서로 충돌하는 것이 있었나요? 어떻게 조율할 수 있을까요? (예를 들어 건강 가치와 목표 가치를 함께 가지고 있다면, 두 가지를 모두 총족하는 데 어려움을 느낄 수 있습니다.)

Q. 앞으로 더 살피고 싶은 가치는 무엇인가요?

Q. 그 가치를 내 삶에 반영하기 위해 무엇을 하고 싶은가요?

생각이 정리되면 다음번에 가치 시간표를 작성할 때 무엇을 지속하고, 무엇을 다르게 해야 하는지 찾아 반영합니다. 이렇게 가치 시간표를 따라 살다 보면 진짜 내 가치가 무엇인지 점점 정리할 수 있을 것입니다. 무엇보다 나의 삶의 방향을 잡으면서 균형을 맞출 수 있게 됩니다.

가치 실천 아이디어

다음은 50가지 가치별 실천 아이디어입니다. 어디까지나 예시라는 점을 잊지 말고, 이 아이디어를 참고해 나에게 어울리는, 내가 할 수 있는 가치 실천법을 스스로 찾아보세요.

가족   TV를 끄고 가족과 30분간 대화하기, 매일 아침 웃으면서 인사하기

건강   일주일에 세 번 20분씩 걷기, 아침 식사 챙기기

공정   객관적인 팀원 평가 기준 만들기, 이야기 나눌 때 선입견 없이 듣기

관용   직원의 실수를 함께 해결하기, 아이의 실수에 따뜻하게 격려하기

권위   나만의 전문성 확보하기, 리더로서 가진 영향력 평가하기

균형   하루 30분씩 나를 위한 시간 갖기, 업무 능력에 맞추어 일 배분하기

긍정	망설여질 때는 무조건 'YES'라고 답하기, 내가 잘될 수밖에 없는 이유 3가지 만들기
다양	입장 바꾸어 생각하기, 일 년에 한 번 낯선 곳 여행하기
단순	직관적으로 결정하기, 딱 세 번까지만 고민하기
도덕	남이 보지 않을 때도 원칙대로 행동하기, 생활 속 소소한 규칙 지키기
도전	일주일에 한 번씩 해 보지 않았던 일 하기, 망설이던 일 시작하기
명예	자부심이 느껴지는 일 찾기, 책 쓰기
목표	원하는 일에 마감 기한 만들기, 한 달간 2킬로그램 감량하기
변화	늘 하던 일 다르게 해 보기, 보고서 작성 방식 바꿔 보기
봉사	해외아동 결연 맺기, 헌혈하기
부유	재테크 상담받기, 투자 관련 공부하기
사랑	조카 돌봐 주기, 부모님이 쉬실 수 있게 먼저 일어나 청소하기
성실	작은 계획을 꾸준하게 실천하기, 귀찮은 약속 지키기
성장	관련 분야 더 깊게 공부하기, 배우고 싶은 과목 온라인 강좌 등록하기
성취	추진력 있게 업무 끝내기, 프로젝트 마무리하기

소통	동료와 점심 먹기, 직원들과 커피 마시기
신뢰	의심보다는 진실을 먼저 보기, 후배의 긍정적인 의도 찾기
신속	망설여질 때는 우선해 보기, 하루 내에 이메일 회신하기
안정	기상과 취침 시간 일정하게 지키기, 사전에 계획해서 대비하기
역량	프레젠테이션 스킬 워크숍 참석하기, 기획서 작성 관련 도서 한 권 마스터 하기
열정	업무 집중 시간 확보하기, 3년 후의 모습 그림 붙여 두기
예술	좋아하는 영화 매주 한 편 관람하기, 캘리그라피 배우기
예의	가족에게 혼자만의 시간 배려하기, 아이 방에 들어갈 때 노크하기
유머	즐거운 일 가까이하기, 웃으며 말하기
인내	중도 포기하지 않기, 책 끝까지 읽기
인정	칭찬받을 일 만들기, "칭찬해 주세요."라고 말하기
자율	내가 계획한 일정대로 움직이기, TV 하루 1시간만 시청하기
자존	따뜻한 말 사용하기, "나는 소중해."라고 말하기
정직	거짓말 삼가기, 뒷말 삼가기
조화	상대와의 공통점 찾기, 낯선 사람에게 먼저 말 걸기
존경	멘토 찾기, 좋아하는 인물에게 배우기

종교	기도하고 감사하기, 가정예배 드리기
지식	관심 도서 열 권 독파하기, 하루에 책 한 챕터씩 책 읽기
지혜	다양한 경험 환영하기, 하루 20분 생각 시간 갖기
창의	재밌는 생각 행동으로 옮기기, 아이디어 노트 만들기
책임	마무리 짓기, 다른 사람에게 미루지 않기
충성	힘들 때 함께 있기, 일주일에 한 번씩 어른께 인사드리기
최상	한계를 두지 않기, 더 높은 기준 세우기
탁월	잘할 때까지 하기, 남과 다르게 하는 방법 시도하기
평화	먼저 사과하기, 타인의 감정 이해하기
학습	새로운 것을 호기심으로 받아들이기, 배우는 과정 즐기기
헌신	대가 없이 최선을 다하기, 아이와 놀 때 그 순간에 집중하기
협력	자발적으로 참여하기, 그룹의 목표 생각하기
효과	중요한 것부터 먼저 하기, 작은 행동의 영향력 생각하기
효율	생각하고 움직이기, 프로세스화하기, 매뉴얼화하기

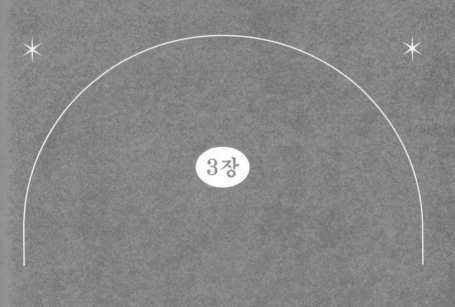

3장

화가 많아질 때,
신념

○ ○ ○

세상과의 잘못된
소통방식

삼십 대가 되면 나름 경험이 쌓입니다. 소소한 성공과 실패를 겪으면서 고집도 생기죠. 내 기준에서 바람직한 것과 그렇지 않은 것을 구분하고 주변을 평가합니다. 내 생각이 옳다는 믿음은 이전보다 더 넓은 인간관계 안에 편입되면서 갈등의 원인이 되기도 합니다. 내가 가진 틀(Frame)로는 이해되지 않는 것이 늘어나고, 영 마음에 들지 않아 화나는 일도 많아지니까요.

제약회사 영업부에서 일하던 경준 씨도 마찬가지였습니다.

경준 씨는 분기마다 높은 영업 실적을 달성해 온 직원이었습니다. 회사는 그의 능력을 인정해 직원들을 교육하는 역할을 요청했습니다. 팀을 만들어 신입 직원들을 육성하는 일을 맡겼지요.

그로부터 1년 후, 경준 씨 때문에 힘들다며 그만둔 직원이 2명이나 되었습니다. 게다가 얼마 지나지 않아 또 다른 직원이 팀을 옮겨 달라고 요청하면서 일이 더 커졌습니다. 뿐만 아니라 다른 팀에서도 경준 씨의 의사소통 방식에 문제를 제기하기 시작했습니다. 유능한 세일즈맨이 순식간에 '문제적 책임자'로 낙인 찍힌 것이지요.

처음 만난 경준 씨는 얼굴에서 웃음기라고는 전혀 찾아볼 수 없었고, 미간에 주름까지 단단히 잡힌 표정이었습니다. 그는 뼈 빠지게 열심히 일한 자신에게 옐로카드를 내민 회사와, 기껏 가르쳐 줬더니 자신의 리더십에 의문을 제기한 후배들에게 몹시 화가 난다고 했습니다. 고등학교를 졸업하자마자 일을 시작해 10년 넘게 쉬지 않고 한 회사에 몰두했으니 배신감을 느낄 만도 했지요.

그는 '화가 난다.'고 말했지만 그 '화' 안에는 지금껏 일에 모든 걸 다 바친 것에 대한 후회와 회한, 선후배와 회사에 대한 서운함, 자신에 대한 실망감, 미래에 대한 두려움 등 다양한 감정이 뒤섞여 있었습니다.

그 무엇도 당연하지 않다

우선 어떤 것이 경준 씨를 힘들게 하는지 물었습니다.

"요즘 직원들은 제정신이 아닌 것 같아요. 상사가 일 때문에 쓴소리 좀 하면, **당연히** 먼저 '죄송합니다.'라고 말해야 하는 거 아닙니까?"

"그런데 직원들이 그러지 않았나 봐요."

"그러기는커녕 핑계만 대더라고요. 차라리 가만히나 있던지. 도대체 왜들 그러죠?"

"또 다른 어려움은요?"

"공부를 안 해요. 너무 한심해요. 물건을 팔려면 **당연히** 하나라도 더 배우려고 해야 하는 거 아닙니까? 요즘 친구들은 떠먹여 줘도 받아먹질 않아요!"

한참 얼굴을 붉히며 한참을 열을 올리던 경준 씨는 마음이
조금 풀린 듯했습니다.

"이제야 속이 좀 후련하네요."
"그럼 이제 한 가지 여쭤봐도 될까요?"
"네, 말씀하시죠."
"말씀을 듣다 보니 자주 등장하는 단어가 있네요. '당연히'
라는 말이에요. '당연히' 죄송하다고 해야 한다, '당연히' 애써
야 한다."
"제가 그랬나요? 뭐 당연한 거니까요."
"'당연히'라고 생각하는 것에 무엇이 있는지 더 찾아볼까
요?"

그는 제가 내민 노트를 열심히 채워 나갔습니다. 경준 씨의
'당연히'를 살펴보기 전에 여러분도 한번 생각해 보세요. 선
배 입장에서 후배나 직원들에 대해서 '당연하다.'고 생각하는
것은 무엇인가요?

◎ **나의 당연히 목록** ◎

나는 직원은 당연히 _____ 해야 한다고 생각한다.

나는 직원은 당연히 _____ 해야 한다고 생각한다.

나는 직원은 당연히 _____ 해야 한다고 생각한다.

아래는 경준 씨가 작성한 '당연히' 목록입니다. 여러분들이 보기엔 어떤가요? 당연해 보이나요? 여러분이 쓴 것과는 어떻게 다른가요? 그것이 무엇을 의미하는지 생각해 보세요.

◎ **경준 씨의 당연히 목록** ◎

나는 직원들은 당연히 **상사가 까라면 까야** 한다고 생각한다.

나는 직원들은 당연히 **경험이 부족**하다고 생각한다.

나는 직원들은 당연히 **잘못을 숨기려고** 한다고 생각한다.

세상을 바라보는
나만의 색안경

경준 씨가 자주 언급했던 '당연히(Should)'와 '반드시(Must)'는 조금 특별한 단어입니다. 평범했던 문장도 이 단어들을 만나면 신념을 드러내는 말로 바뀌니까요. 신념이란 굳은 믿음을 의미합니다. 믿음이 쌓이고 쌓이면 신념으로 굳어져 개인이 세상을 바라보고 이해하는 틀이 되지요. 세상을 바라보는 나만의 색안경이라고도 할 수 있습니다.

우리는 누구나 신념을 가지고 대상을 이해하기 때문에 그것은 아주 당연한 일, 반드시 일어나야 할 일이라고 생각하게 됩니다. 그러니 그 자연스럽고 익숙한 일이 생각대로 되지 않으면 당황스럽고 화가 나지요.

강의 중에 이런 질문을 던져 보았습니다.

"여러분이 누군가에게 메시지를 보냈습니다. 말풍선 옆에 '1'이라는 숫자가 사라지면 상대가 메시지를 읽었다는 뜻이잖아요? 그런데 그 '1'이 사라졌는데도 상대가 한참 답장을 하지 않는다면, 어떤 생각이 들 것 같나요?"

반응은 대략 세 가지였습니다.

반응❶ 갑자기 바쁜 일이 생겼나?

반응❷ 내가 말이 기분 나빴나?

반응❸ 나를 무시하나?

청중들은 서로에게 "왜요?"라고 물으며 '당연하지 않은' 반응을 신기해했습니다. 중요한 것은 어떻게 반응했는지에 따라 나에게 돌아오는 영향이 다르다는 점입니다. 우리의 의식 구조는 어떤 대상에 감정이 생기면 그것에 대한 사고와 해석

◎ 신념은 행동을 만들어낸다 ◎

상황	신념	행동
답신이 없다	"나를 무시해?!"	친구를 차단한다

이 이루어지고 이에 따라 적절하게 행동합니다.

만약 반응❶을 선택했다면, 무덤덤하게 할 일을 하며 잊어버리거나, "바빠?" 하고 상대에게 다시 물을지도 모릅니다. 반응❷처럼 반응했다면 초조해하며 이전에 자신이 보낸 메시지를 다시 읽어 내려가며 분위기를 살필 겁니다. '뭐 이런 일로 삐지냐?'라며 상대를 탓할지 모르죠. 반응❸이라면 어떨까요? 기분이 나쁘고 불쾌한 나머지 상대를 차단해 버릴지도 모릅니다.

신념, 너는 누구냐!

이처럼 같은 상황에 다른 반응을 보이는 것은 그 사건 자체가 문제가 아니라 그 문제를 바라보는 우리의 시각, 즉 그 상황을 해석하는 '신념'이 문제라는 것을 알 수 있습니다. 외부의 자극에 내가 가진 어떤 신념이 더해져 다른 결과로 이어진 것이지요.

반응❶의 신념 : 답장이 없는 건 **당연히** 다른 일이 있다는 뜻이다.

반응❷의 신념 : 답장이 없는 건 **당연히** 화가 났다는 뜻이다.

반응❸의 신념 : 답장이 없는 건 **당연히** 나를 무시하는 뜻이다.

신념이 중요한 이유는 그것에 따라 감정과 행동이 유발되어 우리에게 큰 영향을 미치기 때문입니다. 답장이 안 온 것에 어떻게 반응했는지가 우리 인생에 절대적인 영향을 미치지는 않을 겁니다. 하지만 신념이란 오늘도 우리가 만나야 하는 사람들, 겪어야 하는 사건들, 그러니까 살아가는 세상을 해석하는 도구가 된다는 면에서 소홀히 생각할 수 없습니다.

물론 모든 믿음을 분석하면서 살 필요는 없습니다. 그러면 생각에 생각을 거듭하느라 삶이 피곤해질지도 모릅니다. 하지만 내가 갈등에 놓일 때 어떤 신념을 가지고 그것에 대처하고 있는지를 알면 내 감정과 행동, 결과를 이해하는 데 큰 도움이 됩니다. 꽤 오랫동안 당신을 괴롭혀 온 불합리한 신념들의 정체를 깨달으면 삶에서 일어나는 갈등의 입체적인 면을 이해할 수 있습니다.

나의 신념을 찾아 '너는 누구냐?'라고 끊임없이 질문해 보세요. 그것이 어디에서 왔는지, 왜 지금까지 나에게 영향을 미치는지, 신념이 들려주는 이야기를 잘 따라가다 보면 그 신념을 지니고 살아가는 자신을 더욱 잘 이해하게 됩니다.

서른이 지나도 아직 나를 모른다

$\circ \ \circ \ \circ$

신념이 우리 삶에
미치는 영향

신념이 우리의 삶에 영향을 미치는 과정은 심리학자 앨버트 엘리스Albert Ellis의 'ABC 프로세스'로 설명할 수 있습니다. A는 사건(Activating event), B는 신념(Belief system), C는 결과(Consequence)라고 했을 때, 어떤 사건의 결과(주로 감정이나 행동으로 나타남)는 프로세스의 중심에 위치한 신념에 따라서 달라진다는 논리지요.

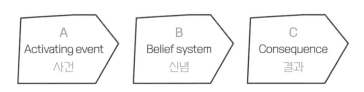

예를 들어 경준 씨에게 일어난 일에 ABC 프로세스를 대입해 본다면 다음과 같이 설명할 수 있습니다.

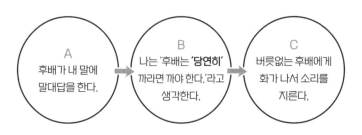

그에게는 '후배는 까라면 까야 한다.'라는 신념이 있었습니다. 그래서 후배에게 어떤 사정이 있는지, 그렇게 행동한 이

유가 무엇인지 듣기도 전에 화를 냈지요. 팀원은 자신의 상황을 설명하려다가 말이 길어졌을 테고, 그럴수록 경준 씨는 더 화를 냈을 겁니다. 이런 일이 반복되자 후배들은 입을 다물고 문제를 숨기게 되었다고 했습니다. 그러다가 도리어 더 큰 사고를 치기도 했지요. 만약 경준 씨가 다른 신념을 선택했다면 어땠을까요?

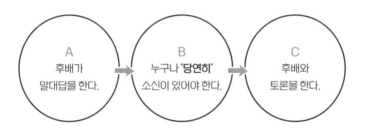

선배의 말에 무조건 "네, 알겠습니다."라고 대답하는 것이 직무유기라고 생각하는 사람도 있습니다. 문제를 해결하려면 생각을 공유해야 한다고 믿는 사람은 위와 같은 상황에서 대책을 세우기 위해 함께 토론하며 고심할 겁니다. 경준 씨가 또 다른 신념을 선택했다면 어땠을까요?

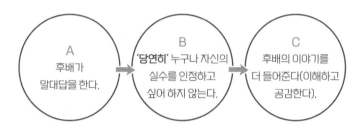

당연히 '누구나 자신의 실수를 인정하고 싶어 하지 않는 다.'라는 신념은 어떤가요? 만약 그랬다면 후배가 자신의 이 야기를 할 수 있도록 시간을 주고 귀 기울여 줄 수 있었을 겁 니다. 혹은 처음부터 후배를 궁지로 모는 대화를 시작하지 않 았을지도 모릅니다.

화를 낸다고 바뀌는 건 없다

이처럼 세상과 타인에 대한 특정 반응은 나의 신념에서 출발합니다. 보기만 해도 화가 나거나 도저히 이해할 수 없는 대상이 있나요? 그럴 땐 내가 지금 특정한 신념에 묶여 있을지도 모른다는 사실을 의식해야 합니다. 어떤 상황에 남들보다 예민해지고 화가 난다면, 유난히 불안하다면 그와 연결된 신념이 무엇인지 찾아보세요.

만약 자신이 가진 신념이 불안, 모욕, 적대감과 같이 불쾌한 감정 및 불필요한 생각, 위협적인 행동으로 이어진다면 그것은 더 이상 합리적인 신념이라고 할 수 없습니다. 우리가 처한 상황에는 그 신념이 효과적이지 않기 때문입니다. 불합리한 신념으로부터 자유로워지려면 믿음의 정체를 분석해야 합니다. 그리고 자신에게 도움을 주는 새로운 신념을 선택하는 힘을 길러야 해요.

타인을 원망하고, 상황을 비난하면 나만 화날 뿐입니다. 그런데 화를 낸다고 해서 원하는 대로 바뀌는 일이 몇이나 될까요? 후배도, 회사도, 가족도, 세상도 내 마음대로 바꿀 수는 없습니다.

부정적인 신념의
뿌리를 찾아라

신념은 우연히 생기는 것이 아닙니다. 보통은 부모와의 관계, 양육 환경, 오랫동안 기억에 남을 만한 순간 등을 겪으며 필요에 의해 생깁니다. 우리는 자신이 처한 환경에 적응해 살기 위해 나 자신을 설득합니다. 이때 사용된 생각들은 시간이 흘러 각자의 신념으로 자리 잡습니다. 강한 신념일수록 삶에서 그만큼 강렬한 존재 이유가 있었다고 볼 수 있겠지요.

경준 씨도 그랬습니다. 그는 신입 사원 시절, 상사에게 모질게 혼나며 일을 배웠다고 했습니다. 숫자로 서열이 세워지는 업종이다 보니 선배들도 쉽사리 영업 노하우를 전수해 주지 않았다고 합니다. 가르쳐 주지도 않으면서 간혹 실수라도 하면 무시, 경멸, 모진 말이 날아왔습니다. 그래도 경준 씨는 '원래 다 그런 건가' 보다 생각하며 말대꾸 한번 하지 않았습니다. 오히려 "죄송합니다.", "앞으로 잘하겠습니다."를 입에 달고 살았지요.

살아남기 위해 치열하게 발로 뛰고 공부하면서 일을 배운 경준 씨는 누구보다 현장을 잘 이해하게 되었고, 지금의 뛰어난 영업실적까지 올리게 되었습니다. 그러니 그것이 경준 씨에게는 성공의 방정식이자 영업하는 사람이 가져야 할 '당연한' 태도였습니다. 그런데 후배들은 이렇게 당연한 것을 하지 않으려 했습니다. 그것도 모자라 선배에게 대들기까지 하니 '당연히' 이해되지 않고 화가 났던 것이지요.

조금 더 오래전 이야기도 나누어 보았습니다. 엄격한 아버지를 둔 경준 씨는 어린 시절부터 늘 "알겠습니다.", "죄송합니다."가 입에 배었습니다. 아버지에게 "제 생각은요.", "그게 아니라……"라고 운이라도 떼면 불호령이 떨어졌습니다. 그렇게 가정에서도 '아랫사람은 부족한 존재고, 윗사람이 시키는 대로 해야 한다.'라는 믿음을 학습했습니다. 그 믿음은 아주 오랜 시간 경준 씨의 마음에 차곡차곡 쌓여서 신념이 되어 버린 것이었죠.

세상을 바라보는 눈을 업데이트하라

역할과 상황, 시대가 바뀌었는데도 예전의 신념을 그대로 가지고 살면 문제가 발생합니다. 오랫동안 업데이트하지 않은 네비게이션으로 현재에서 길을 찾으려 하니 헤맬 수밖에요. 무엇보다도 인간관계가 힘들어집니다. 나와 다른 생각을 가진 사람들과 계속 부딪힙니다. 나에게는 당연하더라도 그것은 '누구나 동의하는 사실'이라기보다 '나만의 진실'일 가능성이 크니까요.

그럼 어떻게 해야 할까요? 문제를 일으키는 신념을 미리 분석해 놓아야 합니다. 이미 화가 난 상황에서 '내가 왜 이러지?' 하면서 객관적, 이성적으로 생각하기란 현실적으로 어렵습니다. 그러니 나의 갈등 레퍼토리를 미리 알아두는 것입니다.

비합리적 신념을 발견하는 데는 크게 두 가지 방법이 있습니다. 하나는 내가 과하게 화가 나거나 예민하게 반응하는 상황을 분석함으로써 그 안에 숨겨진 오래된 신념을 찾아낼 수 있습니다.

예를 들어 친한 친구가 부탁을 거절하면 화가 난다고 가정해 볼게요. 내 요청을 들어줄 것이라고 기대했는데 거절하면 서운하고 아쉬울 수는 있습니다. 또 친구에게 '좀 서운하다.'라고 말할 수도 있어요. 이는 오히려 건강한 반응이죠. 그러나 그것이 나를 힘들게 할 정도로 강렬한 감정적 반응을 일으켰다면, 또는 좌절감을 느낄 정도로 슬퍼지거나, 너무 화가 나서 더 이상 그와 친구로 지내고 싶지 않다는 생각까지 이른다면 그 안에는 잘못된 '당연히' 신념이 숨겨져 있다는 겁니다. 이를테면 이렇게요.

소중한 친구라면 **당연히** 어떤 부탁이든 들어주어야 한다. 거절했다는 것은 **당연히** 나를 진정한 친구로 생각하지 않다는 것이다.

이것이 사실인지는 아직 알 수 없습니다. 친구가 거절한 이유와 상황을 알아보기도 전에 이미 머릿속에 이런 생각이 펼

쳐진다면 그것이 바로 나의 신념입니다. 이 생각은 친구와의 관계에 도움이 되지 않습니다. 오히려 방해가 되죠. 따라서 이 생각들은 자동적인 '비합리적 신념'일 가능성이 큽니다.

또 다른 방법은 문항 진단을 해 보는 것입니다. 일반적인 비합리적 신념 10가지 중에서 나는 무엇을 지니고 있는지 알아보는 진단지(146쪽 참조)가 있습니다. 자신에 대한 이해도를 높일 수 있다는 측면에 있어서 자가 진단을 권하지만, 아무래도 혼자 각 신념의 특징을 깊이 있게 이해하는 데는 어려움이 있을 수 있어요. 그러니 비합리적 신념으로 인해 자주 갈등 상황에 놓이고 고통스럽다면 전문가의 도움을 받기를 추천합니다.

신념을 발견하기 위해서는 무엇보다 나 자신을 꾸준히 관찰하는 것이 중요합니다. 어떤 자극을 만났을 때 잘잘못을 따지고 감정을 해소하는 데 몰두하기 보다는 그 결과가 나에게 주는 영향을 탐색함으로써 반복되는 특성을 발견할 수 있습니다.

누구나 비합리적 신념을 가지고 있습니다. 그것을 알아차리고 주의를 기울이기만 한다면 그것 자체로 큰 문제가 되는 것이 아닙니다. 또한 자신을 원망할 필요도 없어요. 분명 그 신념도 언젠가 당신의 삶에 필요했을 테니까요.

하지만 그것이 도수가 안 맞는 안경이 되어 버렸다면 더 이상 그 안경으로는 세상을 똑바로 바라볼 수 없다는 사실을 알아야 합니다. 나의 신념이 나의 걸음을 방해한다면 잠시 멈춰 서서 자신에게 도움을 줄 신념을 선택해야 할 때입니다.

내가 생각하는
나

세상과 타인에 대한 신념은 결국 나에 대한 신념이기도 합니다. 신념이라는 안경을 쓰고 세상과 타인, 나 자신을 바라보는 것이지요. ABC 프로세스에서 신념에 따라 결과가 달라졌던 것처럼, '나'를 바라보는 신념이 무엇이냐에 따라 결과가 달라집니다.

이는 '자기도식(Self-schema)'이라는 개념으로 설명할 수 있습니다. 자기도식이란 자신과 관련된 정보를 처리하고 선택하는 틀을 말합니다. 스스로 '나는 ○○한 사람이다.'라고 인지하면 자기도식의 틀에 따라 같은 상황에서도 다른 정보를 받아들이거나, 같은 정보도 다르게 해석할 수 있다는 것이지요. 예를 들어 "나는 사교적이야. 말솜씨가 좋아. 사람들이 나를 좋아해."라는 자기도식을 가진 사람은 사람들과 쉽게 어울리고 자기 생각을 말할 기회도 잘 포착해 활용할 수 있습니다.

완벽해야 한다는 믿음

안정적인 취업을 포기하고 제빵사가 되고자 하는 이십 대 후반의 영주 씨는 새로운 도전에 대한 두려움으로 이러지도 저러지도 못하는 상황에 갇혀 있다고 했습니다. 영주 씨는 코칭 자리에서도 같은 말만 반복했습니다.

"제가 잘할 수 있을까요? 자신이 없어요."
"괜히 시작했다가 후회하면 어떡해요."
"괜히 실수하는 거 아닌지 모르겠어요."

자꾸만 뒷걸음질 치는 영주 씨를 보며 그녀가 스스로 어떤 사람이라고 믿고 있는지 살펴보기로 했습니다. 그래서 노트에 다음과 같이 적은 후에 빈칸을 채워 달라고 했지요. 여러분도 작성해 보세요.

나는 _____ 한 사람이다.

나는 당연히 _____ 해야 한다.

나는 내가 _____ 때 괜찮아 보인다.

내가 _____ 때 실망스럽다.

영주 씨가 작성한 내용은 이러했습니다.

나는 **조심스러운** 사람이다.

나는 당연히 **실수하지 않도록 조심**해야 한다.

나는 내가 **완벽하게 해냈을** 때 괜찮아 보인다.

내가 **무언가 해놓고 후회할** 때 나에게 실망스럽다.

영주 씨는 매우 조심스럽고 완벽을 추구하는 사람이었습니다. 실수하거나 후회할 만한 일을 저지르는 것은 무능력하

고 바보 같은 짓이라고 생각했습니다. 이 문장들을 이해하고
나면 그녀가 새로운 도전 앞에서 왜 그렇게 주저했는지 이해
할 수 있었습니다. 주어진 과제와 목표 앞에서 얼마나 긴장하
고 불안했을지 안쓰럽기도 했지요.

영주 씨는 책임감이 강한 편부 밑에서 자랐습니다. 장녀인
영주 씨를 강하게 키우고 싶었던 아버지는 늘 완벽하고 신중
하게 행동하도록 그녀를 가르쳤지요. 항상 행동거지를 조심
하고, 남에게 피해를 주는 부끄러운 선택을 해서는 안 되며,
어디서든 모범이 되어야 한다는 아버지의 말씀은 어느새 영
주 씨에게 뿌리내리고 있었습니다.

쓸모 있어야 한다는 착각

한편 삼십 대 초반의 현아 씨는 관계의 어려움을 호소했습
니다. 회사에서는 일방적인 소통방식에 대해 지적받았고, 친
한 친구와도 이미 관계가 멀어진 지 오래였습니다. 얼마 전에
는 가깝게 지내던 선배가 '걔는 다 자기 마음대로야.'라는 식
으로 현아 씨의 욕을 하고 다녔다는 사실도 알게 되었죠. 나

름대로 사람들과 잘 어울리려고 노력했는데 늘 이렇게 되니 속상하고 화도 난다고 말합니다.

그녀는 대화할 때 공감이나 격려보다는 사실과 문제해결에 집중하는 화법을 구사했습니다. 도움이 되고 싶은 마음에 자꾸만 나서서 알려 주고 문제를 해결하려 했습니다. 상대의 기분이나 상황을 고려하지 못한 채로요. 그것이 다른 사람들의 눈에는 감정에 무딘 사람, 잘난 척하는 사람, 독불장군으로 보였던 겁니다. 현아 씨가 작성한 자기도식은 다음과 같았습니다.

나는 **현실적인** 사람이다.
나는 당연히 상대에게 도움이 되는 역할을 해야 한다.
나는 내가 문제를 해결해 주었을 때 괜찮아 보인다.
나는 지식이 부족하다고 느낄 때 나에게 실망스럽다.

현아 씨의 자기도식 역시 그녀의 환경과 경험을 통해 만들어졌습니다. 쓸모 있는 사람이 되어야만 인정해 주었던 부모님, 감정을 뒤로해야만 살아남을 수 있는 사회생활. 그렇게 세워진 자기도식은 그녀를 오랫동안 틀 안에 가두었습니다.

그러다 보니 다른 방식으로도 얼마든지 친밀한 관계를 맺을 수 있다는 것을 배우지 못했지요.

내 마음속에 뿌리내린 말 한마디

발달심리학자 레프 비고츠키Lev Semenovich Vygotsky는 사람의 마음을 연구할 때 가장 중요한 도구는 말(Speech)이라고 했습니다. 그리고 말은 사람이 태어나 성인이 될 때까지 3단계를 거쳐 발전한다고 보았지요.

첫 번째는 다른 사람과 상호작용하며 말을 배우는 단계입니다. 어릴 적에 부모님과 주변 사람들에게 많이 듣는 말을 받아들이는 과정이지요. 이 단계에서 아이가 어떤 말을 주로 듣고 학습하느냐는 상당히 중요합니다.

두 번째는 첫 번째 단계에서 많이 들은 말을 자신에게 그대로 반영하는 단계입니다. 만약 아버지에게서 "실수해서는 안 돼!"라는 말을 자주 들었다면, 두 번째 단계에서 아이는 일이 마음대로 잘되지 않을 때 자신에게 "바보야! 실수해서는 안 돼!"와 같은 식으로 말하게 됩니다. 이를 '자기안내적

(Self-guiding) 말'이라고 합니다.

세 번째는 자기안내적 대화가 계속되지만, 밖으로 드러나지 않고 마음으로 들어가는 단계입니다. 소리 내지 않고 자신과 대화하는 것을 '내적인 말(Inner speech)'이라고 합니다.

단단하게 뿌리를 내린 내적인 말은 자신을 비추는 거울, 즉 신념이 됩니다. 신념은 보는 것, 느끼는 것, 행동하는 것을 결정하는 힘을 가집니다. 부모로부터 이어진 당위적인 믿음의 목소리가 나를 움직이고 있는 거죠. 우리가 그것을 의식하지 못하는 순간에도요.

영주 씨가 앞으로 새로운 도전을 계속하려면 '완벽하게 해내야 한다.'라는 내적인 말로부터 벗어나야 합니다. 그 강력한 소리로부터 자유로워져야 해요.

현아 씨 역시 마찬가지입니다. 관계를 잘 가꾸려면 그녀 내면의 목소리, 즉 '쓸모 있는 사람이 되어야 한다.'라는 믿음으로부터 자신을 보호해야 합니다. 마음속에 뿌리내린 그 말로부터 거리를 두는 방법을 찾아야 해요.

누구나 이처럼 마음속에 뿌리내린 말이 있기 마련입니다.

한때 그것은 누군가의 염려이자 가르침이었습니다. 그것이 우리를 보호해 줄 때도 있지만, 동시에 가두기도 한다는 사실을 알아야 해요. 잠시 내면의 소리에 귀를 기울여 보세요. 그리고 지금까지 충실히 따르던 그 목소리를 의심해 봅시다. 더이상 나 자신을 '당연히'와 '반드시 해야 한다.'에 끼워 맞추지 않기로 결심해 보자고요.

여러분 안에는 어떤 내적인 말들이 있나요?

그것은 여러분이 어떤 자기도식을 가진 사람이라고 말하나요?

잘못된 신념과 거리를 두는 방법

뭐든 완벽하게 해야만 한다고 말해 왔던 영주 씨도, 쓸모 있는 사람이 되기 위해 늘 문제해결사를 자처했던 현아 씨도 자신을 돌아보는 시간을 통해 비로소 자신을 이해하게 되었습니다. 또한 자신의 신념이 지금 상황에서는 유효하지 않다는 것을 깨달았지요. 이제 생각과 거리를 두는 연습이 필요합니다. '당연히', '해야만 한다.'라는 생각에 빠질 때 스스로 알아차리고 무비판적으로 받아들이지 않을 수 있어야 하거든요.

생각이란 유용한 도구지만, 때로는 불필요한 괴로움을 만들어 냅니다. 일어나지도 않은 일을 걱정하게 만들고 그것이 진짜라고 믿도록 마법을 부리죠. 생각하면 할수록 그 소용돌이에 빠져 헤어 나오기 힘든 경험은 누구나 있을 겁니다. 특히 '나는 ~한 사람이다.'라는 믿음이 굳어져 버리면, 사실 여부와는 관계없이 그 믿음이 꼬리에 꼬리를 물어서 자신을 더 긴장하게 만들기도 하지요.

액트(ACT), 즉 자기수용전념 치료에는 개념적 자기(Conceptualized Self)'와 '관찰적 자기(Objective Self)'라는 개념이 있습니다. 개념적 자기는 '나는 어떤 사람이야.'라고 자신을 하나의 이름표로 규정짓는 상태를 말합니다. 개념적 자기를 가진 사람들은 '신념=나'라고 인식합니다. 반면 관찰적 자기는 '내가 어떤 사람이라고 생각하는구나.'와 같은 방식으로 자신의 신념을 한발 떨어져 관찰하는 상태입니다. 나와 나의 생각 및 느낌을 분리하여 바라보는 것이죠.

오래된 비합리적 신념의 존재를 깨달았다고 해서 단번에 새로운 신념으로 바꾸기란 어렵습니다. 버튼이 눌리듯 떠오를 테니까요. 대신 그것과 적당한 거리를 두며 살아가는 방법을 익혀야 합니다. 거리를 둔다는 것은 나에게 그런 생각이 떠오른다는 것을 인정하되 그것에 동의하지는 않는 것을 말합니다. 이를 '관찰자 자기 되기 연습' 혹은 '객관화 연습'이라고 부릅니다. 이 기술의 핵심은 나를 힘들고 불편하게 하는 생각에 빠지는 순간, 생각과 감정을 관찰하는 것입니다. 사실이라고 받아들였던 것들을 객관적으로 바라보면서 그것이 절대적 사실이 아닌 단지 하나의 가정이라고 바라보게 하는 것이지요. 방법은 간단합니다. 떠오르는 생각을 확신하는 대신 아래의 문장처럼 바꾸어 보는 겁니다.

나는 지금 _____라는 생각을 하고 있구나.
나는 지금 _____라고 느끼고 있구나.
나는 지금 _____라고 기억하고 있구나.

이 방식은 나와 내 생각을 구분하는 훈련입니다. 단순해 보이지만, 스스로 알아차리고 관찰하는 연습을 꾸준히 하면 생각과 나를 동일시하지 않을 수 있습니다. 생각을 바라봄으로써 심리적 위압감에서 벗어나 새로운 대안을 고려할 힘을 꾸릴 수 있습니다.

새로운 일을 주저하는 영주 씨와 새로운 관계 맺기를 두려워하는 현아 씨에게 관찰자 자기 되기 연습을 제안했습니다. 자기도식이 나를 틀에 가두고 한정시키려고 할 때 그 생각과 거리를 둠으로써 함정에서 빠져나올 수 있게 했습니다. 그리고 지금 할 수 있는 것을 묵묵히 실행해 보기로요.

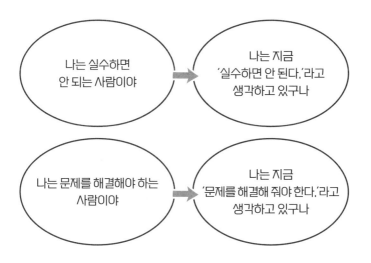

코칭 과정에서 영주 씨는 제빵 학원에 등록했습니다. 걱정할 시간에 실력을 쌓으며 실질적인 정보를 구하기로 한 것이죠. 또한 다른 사람들은 어떤 과정을 거쳐 일을 시작하는지 알아보았습니다. 실패에 대한 두려움이 압도할 때면 '생각한다고 사실이 되는 건 아니다.'라고 되뇝니다. 그녀는 방황하면서도 한 걸음씩 나아가고 있습니다.

관계의 위기에 놓인 현아 씨는 이전의 신념들이 고개를 들 때마다 '내 생각이 진실이 아닐 수도 있다.'라고 자신에게 말합니다. '상대의 이야기를 들어주는 것만으로도 좋은 친구가 될 수 있다.'라는 생각을 연습할 때마다 쓸모없는 사람이 될까 봐 불안했지만, 그것과 자신을 동일시하지 않기 위해 노력했습니다. 현아 씨는 최근 동호회 활동을 다시 시작하면서 새로운 패턴의 관계를 맺으려 노력하고 있습니다. 문제를 해결하는 사람이 아니라, 함께 있어 주는 사람이 되기 위해 연습하는 중입니다.

이제 당신 차례입니다. 여러분은 스스로를 어떻게 정의하고 있나요? 2030세대를 코칭하면서 많은 사람이 완벽해야 한다는 믿음, 쓸모 있는 사람이 되어야 한다는 믿음, 그래야 인정받고 사랑받을 수 있다는 믿음 때문에 버거워하고 있다는 것을 느꼈습니다. 그 오래된 믿음에서 빠져나오지 못해 원하지 않는 패턴을 반복하고 있는 사람이 많습니다.

나 자신과의 관계, 타인, 그리고 세상과의 관계를 재구성하려면 내가 가진 신념과 자기도식에 대해서 점검해야 합니다. '당연히'를 의심하고 스스로를 객관적으로 관찰하면서 그것과 공간을 만들어 보세요. 그렇게 나와 믿음 사이에 틈이 만들어질 때 나를 더 유연하게 만드는 생각이 들어설 수 있습니다. 그때 비로소 생각의 지도를 업데이트할 수 있어요.

깊게 뿌리내린 신념을 억지로 부정하거나 피하려고 애쓰지 마세요. 뽑아도 뽑아도 자꾸만 자라나는 잡초처럼 생각이란 어느 사이에 머릿속으로 들어와 앉아 당신을 조종하려 들 테니까요. '나는 왜 매일 이 모양이지?'라며 자책할 필요도, '왜 내 주변에는 이상한 사람뿐일까!'라고 화낼 일도 아닙니다. 인정하는 편이 훨씬 낫습니다. 머릿속 신념을 싹 뜯고 치려 하기보다는 알아차리고 조절하면서 사는 겁니다.

유효하지 않은 비합리적인 신념과 거리를 두고, 나를 묶어두던 틀로부터 조금씩 자유로워지는 경험을 해 보세요. 그러다 보면 생각보다 내가 더 큰 사람임을 알게 될 것입니다. 생각의 시야가 넓어질 때, 남은 인생도 더 광활해집니다.

SUMMARY

✦ **신념**은 한 개인이 세상을 바라보고 이해하는 틀입니다. 지나온 삶에서 스스로 선택해 온 나의 생각과 믿음이 쌓여 상황을 해석하는 자기만의 안경이 된 것이에요.

✦ 신념이 중요한 이유는 개인의 감정과 행동을 유발하며, 같은 상황이라도 다른 반응을 이끌어 내기 때문입니다. 같은 사건에 각기 다른 반응을 일으킨다면 사건 자체가 아니라 상황을 해석하는 개인의 서로 다른 믿음이 문제가 됩니다.

✦ 자신과 주변의 상황이 변했음에도 과거의 신념을 고집한다면 불안, 모욕, 적대감과 같이 불쾌한 감정과 위협적 행동을 유발하는 비합리적 신념이 될 수도 있습니다.

✦ 비합리적 신념에서 벗어나기 위해서는 믿음의 정체를 분석하고, 그 믿음과 거리를 두는 연습을 해야 합니다. 믿음을 억지로 부정하거나 무시하는 것이 아니라, 적당한 거리를 두고 객관적으로 바라보는 관찰자 자기 되기 연습이 필요합니다.

워크시트
: 신념

신념은 삶의 기준입니다.
이럴 때 살펴보면 도움이 됩니다.

✦ 바뀌지 않는 현실에 화가 날 때

✦ 사람들을 자꾸 원망하게 될 때

✦ 반복되는 문제 때문에 괴로울 때

객관화 질문

◡

　사람마다 옳다고 믿는 기준이 있습니다. 어떤 생각은 일, 관계, 성장, 행복에 도움을 주지만, 때론 유용하지 않은 신념을 고집하느라 부정적인 감정을 느끼고, 다른 사람과의 관계에서 문제가 생기는 경우가 있지요. 이것을 비합리적 신념이라고 해요. 비합리적 신념이란 문제를 만들어 내는, 도움이 되지 않는 생각이라고 보면 됩니다.

　신념은 오랫동안 가까이에 있었기에 잘 보이지 않습니다. 신념과 거리를 두고 볼 수 있을 때까지 몇 가지 질문을 해 봐야 합니다. 이때, '객관화 질문' 연습이 도움이 됩니다. 다음의 질문에 따라 당신의 신념을 객관적으로 보는 연습을 해 보세요. 먼저 최근 힘들었던 경험을 떠올려 보세요. 화가 나거나 억울한 마음이 들고 속상했던 사건 말이에요. 그때 당신의 표정과 목소리, 생각, 말, 행동은 어땠는지 잠시 생각해 보세요.

Q. 그 사건에서 가장 기분 나빴던 것은 무엇인가요?

예: 가장 친한 친구가 나에게는 말도 없이 다른 친구와 여행을 떠났다.

Q. 그 이유는 무엇인가요?

예: 나를 가장 친한 친구라고 생각하지 않는 것 같다.

Q. 그것에 당신이 민감하게 반응하는 이유는 무엇일까요?

예: 다른 사람에게 배신당한 경험이 있다. 이 친구도 그럴까 봐 걱정이
된다.

Q. 당신이 '옳다.'라고 생각하는 기준은 무엇인가요?

예: 친한 사이에는 숨김이 없어야 한다.

Q. 그것은 당신에 관해 무엇을 알려 주나요?

예: 사람과 관계를 맺을 때 불안도가 높은 것 같다.

비합리적 신념 찾기

객관화 질문을 통해 당신의 비합리적 신념을 발견했나요? 처음에는 신념 찾기가 어려울 수 있습니다. 그래서 이번에는 '비합리적 신념'을 발견하는 진단을 해 보려고 합니다.

다음 문항은 사람들이 일반적으로 많이 가진 신념과 태도를 열거한 것입니다. 각 문장을 읽고 자신이 느끼는 대로 직관적으로 체크해 보세요. 당신의 비합리적인 신념을 발견하는 데 도움을 줄 것입니다.

PART 1

	문항	전혀 그렇지 않다	대체로 그렇지 않다	보통 이다	대체로 그렇다	완전히 그렇다
1	다른 사람이 나를 인정해 주는 것이 중요하다.					
2	존중받기를 좋아하지만, 반드시 그래야 할 필요는 없다.					
3	모든 사람이 나를 좋아하기를 바란다.					
4	다른 사람이 나를 좋아하지 않아도 나는 나 자신이 좋다.					
5	다른 사람이 나를 싫어한다면 그것은 내가 아닌 그의 문제다.					
6	남에게 인정받기를 좋아하지만, 그것이 나의 진정한 욕구는 아니다.					
7	다른 사람이 나를 어떻게 생각하는지 관심 없다.					
8	다른 사람이 나를 인정하고 받아들여 줄지 걱정한다.					
9	비판받는 것이 싫긴 하지만, 그것 때문에 당혹스럽지는 않다.					

PART 2

	문항	전혀 그렇지 않다	대체로 그렇지 않다	보통 이다	대체로 그렇다	완전히 그렇다
10	무엇이든 실패하는 것을 무척 싫어한다.					
11	내가 잘할 수 없는 일은 피해 버린다.					

12	다른 사람이 나보다 더 잘하는 일에 대해서는 경쟁하려고 애쓰지 않는다.					
13	무슨 일이든 성공하는 것이 좋지만, 반드시 성공해야 한다고 생각하지는 않는다.					
14	모든 일은 성공 여부가 가장 중요하다.					
15	일을 잘하든 못하든 그 일 자체를 즐긴다.					
16	어떤 일에서든 나보다 다른 사람이 우월하면 괴롭다.					
17	나는 실수하면 당황스럽다.					
18	종종 사소한 일에도 매우 화가 난다.					
19	내가 잘할 수 없는 일이라도 두렵지 않다.					

PART 3

	문항	전혀 그렇지 않다	대체로 그렇지 않다	보통 이다	대체로 그렇다	완전히 그렇다
20	나쁜 사람은 나쁜 결과를 당해야 한다.					
21	너무나 많은 사람이 받아야 할 벌을 피하고 있다.					
22	도덕적이지 못한 행위는 강력히 처벌받아야 한다.					
23	다른 사람의 나쁜 행위로 그 사람을 비난하지 않는다.					
24	모든 사람은 기본적으로 선하다.					
25	선한 사람과 악한 사람 모두에게 똑같은 일이 닥친다는 것은 부당하다.					
26	나에게 잘못한 사람에게도 다시 기회를 준다.					

서른이 지나도 아직 나를 모른다

| 27 | 나쁜 행위를 한다고 해서 그 사람이 나쁜 것은 아니다. | | | | | |

PART 4

	문항	전혀 그렇지 않다	대체로 그렇지 않다	보통 이다	대체로 그렇다	완전히 그렇다
28	이미 일어난 일은 초연하게 받아들인다.					
29	실패했다고 해서 좌절하지 않는다.					
30	좋아하지 않는 상황이 종종 괴롭다.					
31	싫어하는 것도 그 모습 그대로 인정한다.					
32	어떤 일이 나를 괴롭히면 그 일은 무시한다.					
33	원하는 것을 얻기 위해 이미 어떤 일을 했다면, 그 일에 대해 걱정하지 않는다.					
34	나는 인생을 아주 쉽게 쉽게 살아간다.					
35	책임지는 것을 싫어한다.					
36	다른 사람이 실수해도 당황하지 않는다.					

PART 5

	문항	전혀 그렇지 않다	대체로 그렇지 않다	보통 이다	대체로 그렇다	완전히 그렇다
37	마음만 먹으면 어떠한 상황에서도 행복해질 수 있다.					
38	상황 자체가 아니라 상황을 어떻게 받아들이는가에 따라 괴로움을 느낀다.					
39	어려움이 많은 사람일수록 덜 행복하다.					

		전혀 그렇지 않다	대체로 그렇지 않다	보통이다	대체로 그렇다	완전히 그렇다
40	어떤 상황에도 그 자체만으로 좌절하지 않는다. 내가 그것을 어떻게 받아들이느냐에 달렸다.					
41	많은 사람이 달가워하지 않는 일이라도 부딪쳐 헤쳐 나가야 한다.					
42	어떤 일이라도 오랫동안 슬픔에 잠길 필요는 없다.					
43	자기 불행은 자기가 만든다.					

PART 6

	문항	전혀 그렇지 않다	대체로 그렇지 않다	보통이다	대체로 그렇다	완전히 그렇다
44	나를 괴롭히는 어떤 것에 대한 두려움을 느낀다.					
45	미래에 일어날지 모를 뜻밖의 위험에 대해서는 별로 불안하지 않다.					
46	걱정거리가 있으면 마음이 거기에서 떠나지 않는다.					
47	운에 맡기는 모험이 싫다.					
48	미래가 별로 불안하지 않다.					
49	미래에 일어날 일에 걱정이 많다.					
50	죽음, 재해, 핵전쟁과 같은 문제는 별로 생각하지 않는다.					
51	힘든 상황에서도 해야 할 일을 계획한다.					

서른이 지나도 아직 나를 모른다

PART 7

	문항	전혀 그렇지 않다	대체로 그렇지 않다	보통 이다	대체로 그렇다	완전히 그렇다
52	중요한 결정을 미루는 편이다.					
53	내 문제에 직면하는 것을 회피한다.					
54	가능한 한 빨리 결정하는 편이다.					
55	내키지 않는 일로 시간을 보내기에는 인생이 너무 짧다.					
56	나는 일을 거의 미루지 않는다.					
57	나는 내키지 않는 하찮은 일은 하기 싫다.					
58	누구나 극복할 어려움이 있고, 그것에 도전할 때 가장 행복하다.					
59	필요하다면 그 일이 하고 싶지 않더라도 한다.					

PART 8

	문항	전혀 그렇지 않다	대체로 그렇지 않다	보통 이다	대체로 그렇다	완전히 그렇다
60	중요한 결정은 권위자에게 자문을 받는다.					
61	누구나 다른 사람의 도움이 필요하다.					
62	나는 누군가에게 매우 의존한다.					
63	내 힘으로만 일을 해결하고 싶다.					
64	내 문제를 진정으로 이해하고 직면할 사람은 나 자신밖에 없다.					
65	다른 사람이 내 일을 결정하는 것이 싫다.					

		전혀 그렇지 않다	대체로 그렇지 않다	보통 이다	대체로 그렇다	완전히 그렇다
66	남에게 조언을 구하는 게 쉽다.					
67	남에게 의존하는 것이 싫다.					
68	내 행복에 남이 관심 갖기를 기대하지 않는 것이 좋다.					

PART 9

	문항	전혀 그렇지 않다	대체로 그렇지 않다	보통 이다	대체로 그렇다	완전히 그렇다
69	천성은 변화시킬 수 없다.					
70	과거의 영향을 극복하는 것은 거의 불가능하다.					
71	과거에 다른 경험을 했다면 더 나은 사람이 되었을 것이다.					
72	과거 경험이 지금의 내게 영향을 준다고 생각하지 않는다.					
73	저마다 과거의 일에 얽매여 있다.					
74	현재 어떤 일이 인생에 강력한 영향을 미친다면 앞으로도 그럴 것이다.					
75	사람은 근본적으로 변화할 수 없다.					
76	나는 과거를 후회하지 않는다.					

PART 10

	문항	전혀 그렇지 않다	대체로 그렇지 않다	보통 이다	대체로 그렇다	완전히 그렇다
77	어떤 일이든 정확한 매뉴얼이 있다.					
78	어떤 일에도 완벽한 매뉴얼은 없다.					

79	모든 문제는 완벽한 해결책이 있다.					
80	어떤 문제도 이상적인 해결책은 드물다.					
81	완벽한 해결책보다 실용적인 해결책을 찾는 것이 더 낫다.					
82	모든 일은 원칙대로 해야 한다.					
83	이상적인 환경이란 존재하지 않는다.					

파트별 점수를 더해 아래 표를 채워 보세요.

전혀 그렇다: 1점, 대체로 그렇지 않다: 2점, 보통이다: 3점, 대체로 그렇다: 4점, 완전히 그렇다: 5점으로 계산합니다.

단, 아래에 표시한 문항은 전혀 그렇다: 5점, 대체로 그렇지 않다: 4점, 보통이다: 3점, 대체로 그렇다: 2점, 완전히 그렇다: 1점으로 계산합니다.

PART1 2, 4, 5, 6, 9번

PART2 12, 13, 15, 19번

PART3 23, 24, 26, 27번

PART4 28, 29, 31, 32, 33, 34, 36번

PART5 37, 38, 40, 41, 42, 43번

PART6 45, 48, 50, 51번

PART7 54, 56, 58, 59번

PART8 63, 64, 65, 67, 68번

PART9 72, 76번

PART10 78, 80, 81, 83번

항목	점수	항목	점수
PART 1 인정욕구		PART 6 과잉 불안 염려	
PART 2 개인적 완벽성		PART 7 문제 회피	
PART 3 비난 경향성		PART 8 의존성	
PART 4 파국화		PART 9 무기력	
PART 5 정서적 무책임		PART 10 완벽한 해결	

참고: 최정훈, 이정윤, '사회적 불안에서의 비합리적 신념과 상황요인', 〈심리학회지〉 제6권 1호, 21~47p

당신의 비합리적 신념 찾기 진단 결과를 보면서 아래 질문에 답해 보세요.

- 가장 점수가 높은 항목은 무엇인가요?
- 그것과 관련해서 당신이 경험한 구체적인 사례가 있나요?
- 그 신념은 당신에게 어떤 영향을 미치고 있나요?

비합리적 신념 107가지

앞서 직접 확인해 본 비합리적 신념 진단 시트를 만든 심리학자 앨버트 엘리스Havelock Ellis는 인간에게 '합리적 신념'과 '비합리적 신념'이 동시에 존재한다고 주장했습니다. 그중에서도 '반드시 ~해야 한다', '절대로 ~해서는 안 된다.'라는 비합리적인 신념이 부정적인 정서를 느끼게 하고, 자신이 원하는 가치 추구와 목표 달성을 방해한다고 했지요. 각 파트별로 비합리적 신념 내용을 정리했습니다. 진단 결과를 바탕으로 나에게는 어떠한 신념이 있는지 확인해 보세요.

PART 1. 인정에 대한 욕구(Demand for approval)
자신이 중요하다고 생각하는 모든 사람으로부터 반드시 사랑과 인정을 받아야 한다는 신념.

PART 2. 개인적 완벽성(Personal perfection)
자신이 가치 있는 사람이 되기 위해서는 모든 영역에서 완벽하고 유능하며 반드시 성공해야 한다는 신념.

PART 3. 비난 경향성(Blame proneness)

자신에게 해를 끼치는 사람은 모두 야비하고 비열한 사람
이라는 신념.

PART 4. 파국화(Catastrophizing)

어떤 일이 뜻대로 되지 않으면 인생은 끔찍하고 아무 가치
가 없다는 신념.

PART 5. 정서적 무책임(Emotional irresponsibility)

불행은 외부환경 때문이고, 인간의 힘으로는 통제할 수 없
다는 신념.

PART 6. 과잉불안 염려(Anxious overconcern)

어떤 일이 위험하고 두렵다고 느껴지며 그 일이 정말 일어
날지도 모른다는 신념.

PART 7. 문제 회피(Problem avoidance)

인생의 난관이나 책임에 직면하는 것보다는 회피하기가
더 쉽다는 신념.

PART 8. 의존성(Dependency)

타인에게 의존해야 하고, 자신이 의존할 만한 더 강한 누군
가가 있어야만 존재할 수 있다는 신념.

PART 9. 무기력(Helplessness)

현재 행동과 운명은 과거 경험이나 사건에 의해 결정되며, 과거 영향에서 결코 벗어날 수 없다는 신념.

PART 10. 완벽한 해결(Perfect solution)

모든 문제에는 가장 적절하고 완벽한 해결책이 있기 마련이고, 반드시 좋은 결과를 만들어야 하며, 만약 그것을 찾지 못하면 실패라는 신념.

비합리적 신념 관찰하기

⌣

　일상에서 비합리적 신념을 관찰하고 그 생각과 거리를 두는 데 도움이 될 몇 가지 질문을 더 준비했습니다. 상황이 이해되지 않아 화가 나고 힘들 때 스스로에게 묻고 답해 보세요.

- 나는 어떤 일에 반복해서 화를 내지?

- 화를 낼 때 속으로 어떤 말을 하지?

- 그 말을 했다는 것은 내가 어떤 생각을 하기 때문이지?

- 그 생각은 내가 어떤 신념을 가졌음을 의미하지?

- 그 생각은 언제부터, 누구에게 영향받은 것이지?

- 나는 여전히 그것을 믿나?

- 그 신념은 나에게 도움이 되나?

- 그 신념은 누구에게나 예외 없이 적용되나?

- 그 신념을 계속 유지하면 어떻게 될까?

- 어떤 신념을 새롭게 선택해야 할까?

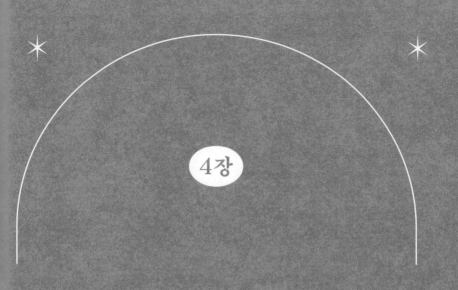

4장

사람들 틈에서 힘겨울 때,
욕구

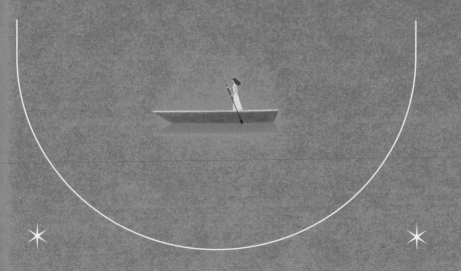

내가 보는 나와
남들이 보는 나

많은 사람이 '나답게 살고 싶다.'라고 말합니다. 과연 나는 어떤 순간에 나다울 수 있을까요? 나다워지기 위해 필요한 조건이 있다면 무엇일까요? 코칭에서 만났던 승연 씨의 사례를 통해서 질문에 대한 답을 같이 찾아보겠습니다.

승연 씨는 중견기업에서 일하는 삼십 대 후반 팀장입니다. 그는 자신이 리더로서 어떤 사람인지 이해하고 싶다며 코칭을 신청했습니다. 우리는 본격적인 시작에 앞서 승연 씨의 동료나, 후배, 상사들의 인터뷰를 먼저 진행하기로 했습니다.

주변 사람들의 이야기를 듣다 보면 '내가 보는 나'와 '남이 보는 나'는 차이를 확인할 수 있기 때문입니다. 인터뷰에 앞서 승연 씨에게 물었습니다.

"같이 일하는 사람들은 승연 씨를 어떤 사람이라고 생각할 것 같으세요?"

"글쎄요. 저는 직원들을 편하게 대하려고 노력하는 편이에요. 제가 좀 내성적인 성격이어서 최대한 간섭하지 않으려고 하고요. 아마도 그런 이야기를 하지 않을까요?"

승연 씨와 함께 일하는 직원 5명과 인터뷰를 진행했습니다. 내용을 정리해 보니 결과는 예상과는 사뭇 달랐습니다.

"내성적인 것 같기는 한데……, 어떻게 보면 또 양면성이 있는 것 같아요. 한마디로 말하기는 어렵네요."

"가끔 벌컥 화를 내실 때가 있어요. 그럴 땐 적응이 안 돼요."

"속마음을 잘 이야기하지 않으시는 편이에요. 그래서 눈치를 보게 돼요."

승연 씨는 자신을 편안하고 자유로운 리더라고 생각했지만, 직원들은 그를 감정 기복이 심하고 갑작스럽게 화를 낼 때가 있는 사람이라고 평가하고 있었습니다. 또 불만이 있는 것 같은데도 직접 말하지 않아 의중을 예측하기가 어렵다고 하소연했습니다.

직원들만 답답한 것은 아니었습니다. 승연 씨에게 인터뷰 결과를 공유하자 직원들이 자신을 이렇게 느끼고 있을 줄은 몰랐다며 놀랍니다. 내가 생각하는 나와 타인이 보는 내가 이렇게 다르다니. 진짜 나다운 모습이 무엇인지 모르겠다고 말합니다.

"승연 씨가 가장 '나답다.'라고 느낄 때는 언제인가요?"

"가장 나다울 때라……. 글쎄요, 저는 제가 말수가 적고, 다른 사람한테 싫은 소리를 못 하는, 비교적 조용한 사람이라고 생각하는데 어떤 사람들은 저를 외향적으로 보더라고요. 게다가 직원들 말을 들어 보니 때로는 버럭버럭 하는 사람인 것도 같고요. 이런 건 어떤 사람이라고 해야 하나요? '다중이' 아닌가요? 하하……."

승연 씨가 혼란스러운 것은 당연했습니다. 혼자 있는 시간이 편한 것도 '나'고, 사람들과 어울리는 걸 즐기는 사람도 '나'이며, 때론 엄격해 보이는 사람도 '나'입니다. 그럼 가장 나다운 것은 무엇일까요? 그런 것이 존재하기는 할까요?

어느 장단에 춤을 추라는 거야?!

마케팅 관련 일을 하고 있는 삼십 대 중반의 나경 씨 역시 마찬가지였습니다. 나경 씨는 리더십 정체성을 찾고 싶다고 코칭을 시작했는데요, 함께 일하는 사람들이 자신에게 무엇을 바라는지 알고 싶다며 인터뷰를 요청했습니다. 주변 사람들은 인터뷰에서 이렇게 말했습니다.

"사람들을 좀 더 격려하고 다독여 주셨으면 좋겠어요."
"더 도전적이고 강력한 카리스마가 필요할 것 같아요."
"지금처럼만 해 주시면 좋을 것 같은데요."

직원들의 기대사항을 전해 들은 나경 씨는 말했습니다.

"아니, 코치님 저는 한 명인데 저한테 바라는 게 이렇게 다양하다니요. 도대체 어느 장단에 맞춰야 하나요? 저는 앞으로 어떤 모습의 리더가 되어야 할까요?"

나경 씨는 다양한 의견을 어떤 방식으로 수용해야 할지, 자신이 그것을 다 해낼 수 있을지 모르겠다며 난감해했습니다. 만약 그들이 원하는 모습대로 다 해 준다면 리더로서의 정체성은 어떻게 만들어 가야 할지도 염려했지요.

우리도 이와 비슷한 입장에 놓일 때가 있습니다. 승연 씨처럼 타인이 보는 나와 내가 생각하는 내가 다를 때는 '진짜 나다운 것이 뭐지?' 하고 고민하게 됩니다. 또 나경 씨처럼 주변 사람들이 나에게 저마다 다른 모습을 기대할 때는 '나한테 어쩌라는 거야?' 하는 갑갑한 마음이 들 수 있습니다.

승연 씨와 나경 씨, 그리고 나다움을 찾지 못한 우리에게 공통적으로 필요한 것은 무엇일까요? 나에 대해 무엇을 더 알아야 지금의 상황을 이해하는 데 도움이 될까요?

욕구를 이해해야
나답게 살 수 있다

하나로 규정되지 않는 자신의 모습에 혼란을 느끼는 승연 씨도, 여러 역할을 기대받는 나경 씨도, 우리는 몇 가지 특성만으로 설명하기에는 너무도 복잡한 존재입니다. 때문에 자신을 이해하기 위해서 여러 가지 진단 도구의 힘을 빌리기도 하는데, 그중 하나인 버크만(Burkman) 진단을 소개할까 합니다.

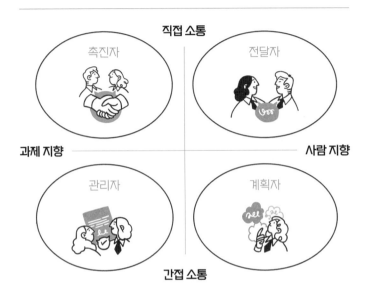

◎ 버크만 진단에 따른 4가지 유형 ◎

직접 소통

촉진자

전달자

과제 지향 ──────────────── 사람 지향

관리자

계획자

간접 소통

버크만 진단은 로저스 버크만Rogers W. Birkman 박사가 60여 년간 연구한 결과물로, 자신을 이해하는 도구로 활용되고 있습니다. 버크만 진단에서는 2가지 축으로 유형을 분류합니다. '과제 지향적'인 사람과 '사람 지향적'인 사람, 그리고 '직접 소통'을 즐겨 하는 사람과 '간접 소통'을 즐겨 하는 사람으로 나누고 각각의 행동 유형을 설명하지요.

따라서 행동 유형은 크게 4가지로 구분됩니다. **촉진자**(행동으로 결과를 만드는 사람), **전달자**(말로 영향력을 미치는 사람), **계획자**(혼자 생각하고 상상하는 사람), **관리자**(체계와 규칙을 지켜가는 사람)가 그것입니다.

흥미로운 것은 이 4가지 행동 유형이 고정되어 있는 것이 아니라, 상황에 따라 다르게 나타날 수 있다는 겁니다. 버크만 진단에서는 삶의 장면을 남들에게 주로 보이는 '일상'의 영역, 자신이 좋아하고 관심 있어 하는 '흥미' 영역, 겉으로는 잘 드러나지 않지만, 반드시 충족되어야 '욕구' 영역으로 나눕니다. 따라서 일상, 흥미, 욕구의 영역에 따라 나의 모습이 모두 다르게 나타날 수 있습니다. 마치 다른 사람인 것처럼요.

'나다움'을 지키려면
욕구가 충족되어야 한다

일상, 흥미, 욕구 영역 가운데 이번에 눈여겨보아야 할 것은 바로 욕구입니다. 욕구란 무언가를 원하는 것으로, 우리를

서른이 지나도 아직 나를 모른다

움직이는 내부 에너지입니다. 사람은 저마다 원하는 것이 있고, 그것을 충족하기 위해 몸과 마음을 움직입니다.

욕구가 채워지면 에너지가 생깁니다. 반대로 욕구가 부족하면 결핍을 경험하게 됩니다. 욕구를 충족하지 못한 채 오랜 시간이 지나면 스트레스 반응이 나타나 평소와는 다른 태도와 언행을 통해 비생산적인 모습을 보이게 됩니다. 예를 들어 활기차고 다른 사람들과 잘 어울리던 사람이 갑자기 논쟁적이고 예민한 태도를 보일 수 있습니다. 또 평소에는 차분하고 꼼꼼하던 사람이 비판적으로 행동할 수도 있지요.

또한 욕구는 내면의 재충전 및 마음의 평정과도 관련이 있습니다. 욕구가 충분히 채워지지 않으면 일상 속의 '자기다움'이 사라지고, 강점도 잘 발휘할 수 없습니다. 정체성과 개성이 사라지는 것이지요. 따라서 삶의 다양한 영역에서 나다움을 지키려면 먼저 자신의 욕구를 이해하고, 그것을 적절하게 충족할 방법을 찾는 것이 중요합니다.

그러나 우리는 자신의 욕구가 무엇인지 인식하지 못할 때가 많습니다. 따라서 어떻게 하면 평소의 나로 돌아올 수 있는지 그 방법 역시 알지 못합니다. 또한 욕구란 겉으로 잘 드러나지 않기 때문에 서로의 욕구가 무엇인지 알지 못합니다.

그러니 누군가 스트레스 반응으로 평소와 다른 모습을 보여도 그것을 이해하기 어려울 수밖에요.

전혀 달라 보이는 승연 씨와 나경 씨도 욕구와 관련된 문제를 겪고 있다는 공통점이 있습니다. 먼저 승연의 버크만 진단 결과는 다음과 같았습니다.

일상 영역: 계획자, 혼자 생각하고 상상하는 사람

흥미 영역: 전달자, 다른 사람에게 말로 영향력을 미치는 사람

욕구 영역: 관리자, 체계와 규칙을 지켜나가는 사람

승연 씨는 일상 영역에서는 **계획자 유형**이었습니다. 평소에 말이 없고 혼자 생각하는 내향적인 사람으로 보입니다. 반면 흥미 영역에서는 **전달자 유형**입니다. 특히 직원들을 교육하는 일을 할 때는 전혀 다른 사람처럼 보입니다. 신이 나고 활력이 솟기 때문에 자연스럽게 말이 많아지고 외향적인 사람처럼 행동합니다. 하지만 승연 씨가 언제나 사람들과 어울려 이야기하기를 선호한다는 뜻은 아닙니다. 오히려 회식이나 개인적인 술자리는 불편해합니다. 만약 서로 다른 두 모습을 모두 본 사람이라면, 승연 씨의 진짜 모습이 무엇인지 의

문을 가질 법도 합니다.

또한 승연 씨는 체계와 규칙을 지키는 **관리자**의 욕구를 가지고 있기 때문에 누군가 갑자기 약속을 어기거나 변경하면 평소와는 다른 행동을 합니다. 자신의 룰에 문제가 생길 때 버럭 화를 내는 것은 욕구가 충족되지 않아 생기는 자연스러운 스트레스 반응이었던 것이죠. 하지만 평소에 승연 씨의 룰에 대해 정확히 들은 바가 없는 팀원들 입장에서는 그의 돌변한 모습이 그저 당황스러웠을 것입니다.

승연 씨가 리더로서 나다움을 발휘하려면 체계와 규칙이 준수되는 자신의 욕구를 이해하고 그것을 충족시킬 수 있는 더 나은 방법을 찾아야 했습니다. 그래야 신중함을 잃지 않으면서도 직원 교육에 열정을 다하는, 서로 다른 영역의 기능을 더욱 잘 사용할 수 있을 테니까요.

그래서 우리는 관리자의 욕구가 충족될 수 있도록 승연 씨가 세운 원칙과 기준을 팀원들과 공유하고 세부적인 행동 규범을 함께 만들어 갔습니다. 동시에 승연 씨 자신이 팀원들에게 예민하게 반응한다고 느낄 때마다 '혹시 지금 나 욕구가 충족되지 않아서 스트레스받고 있나?' 하고 생각해 볼 수 있도록 리스트를 만들기도 했습니다. 그렇게 그는 자신의 욕구에 관심을 가지고 존중하는 방법에 익숙해지면서 조금씩 '나다움'을 배워 갔습니다.

나는 언제 강점을 발휘할 수 있는가

나경 씨의 경우는 반대로 생각할 수 있습니다. 사람들이 나경 씨에게 바라는 리더십의 모습은 팀원 각자의 욕구가 반영된 것이었습니다. 이럴 때 효과적인 리더십을 발휘하기 위해서는 나다움을 바꿀 것이 아니라, 팀원들이 가진 욕구를 이해해야 합니다.

나경 씨를 비롯해 팀원 전원의 욕구를 진단해 보았습니다. 실제로 팀원 6명 중 2명을 제외하면 모두 각기 다른 욕구를 가진 사람들이라는 결과가 나왔습니다. 그러니 나경 씨에게 원하는 모습이 다르고 다양할 수밖에 없었던 것이죠.

진단 후 나경 씨와 그의 동료들은 각자 자신이 어떤 욕구를 가진 사람인지, 무엇을 배려받기를 원하는지 이해하는 시간을 가졌습니다. 서로의 욕구를 잘 알아보고 존중하기 위해 아이디어를 나누기도 했습니다. 워크숍 이후 팀원들은 저마

다의 책상에 자신의 욕구와 기대를 작성한 짧은 메모를 올려
두었습니다.

'저는 인정의 욕구가 필요한 사람이에요. 많이 격려하고 칭찬해 주
세요.'
'저는 성취의 욕구가 필요한 사람이에요. 일로 인정해 주세요.'
'저는 꿈꾸는 욕구가 필요한 사람이에요. 생각을 시간을 더 주세요.'

나경 씨는 이 시간을 통해 팀원들을 이해하게 되었고, 자신
도 리더로서 무얼 해야 할지 명확해졌다고 했습니다. 또한 어
떻게 하면 그들이 더 신나게 일하고, 각자의 강점을 더욱 잘
활용할 수 있는지 알게 되었습니다. 직원들의 표면적 요구를
진짜 욕구로 이해하게 되었기 때문입니다.

건강한 관계를 유지하기 위해서는 무엇보다 자신의 욕구
를 먼저 이해하는 과정이 필요합니다. 내게 중요한 욕구가 무
엇인지 알아보세요. 그리고 일상에서 에너지가 높아지고 낮
아질 때, 마음이 평온해질 때와 스트레스에 압도되어 불안정
해질 때가 언제인지 살펴보는 겁니다. 나의 욕구 에너지가 방

전되지 않도록 스스로 살뜰하게 챙기세요.

《버크만 프로젝트》에서 한 전문가는 이런 말을 했습니다.

"당신에게 가장 중요한 욕구 3가지를 지인들에게 이해시킨다면 삶이 변할 수 있다."

나의 욕구를 충분히 이해하고 나면 가까운 사람들에게 당신에 관해 말해 주세요. 그들이 어떻게 당신을 배려하면 좋을지 설명해 보세요. 인생이 당장 바뀌지는 않겠지만, 인간관계는 분명히 달라질 수 있습니다.

나는 어떤 욕구를 가진 사람인가요?

그 욕구가 결핍되면 어떻게 달라지나요?

나의 욕구를 충족하는 방법은 무엇이 있나요?

주변 사람들로부터 무엇을 배려받기를 원하나요?

우리는
모두 다르다

대학원생 다혜 씨는 함께 프로젝트를 하는 사람들이 마음에 안 든다며 툴툴거렸습니다. 무엇이 가장 마음에 안 드냐고 물었더니, 함께 공부하는 사람이 5명인데 하나같이 이상하다는 대답이 돌아왔습니다. 그녀의 이야기에 주로 등장하는 사람은 모두 3명이었습니다.

먼저 A는 '잘난 척하는 인간'이라고 했습니다. 무슨 말만 하면 "나 거기 다녀왔는데.", "나 그거 해 봤는데."라는 식으로 무용담을 늘어놓고, 아무도 물어보지 않았는데 자신이 지금 어떤 기업에 취업을 준비하는 중이며 얼마나 잘되고 있는지 자랑하는 피곤한 사람이라고 설명했습니다. 그녀의 말에 의하면 A는 이상한 사람이었습니다.

B는 '생각 없는 인간'이라고 했습니다. 다들 바쁘게 작업하는데 혼자 뺀질거리며 이 연구실, 저 연구실 기웃거리고 농담이나 하며 시간을 허비하는 것도 모자라, 괜한 말로 분위기를 이상하게 만드는 사람이라고 설명했습니다. 학교에 공부하러 온 건지 놀러 온 건지 분간이 안 된다는 말도 덧붙였지요. 그녀의 말에 의하면 B도 이상해 보였습니다.

C는 '지독한 이기주의자'라고 했습니다. 공동체 활동에 무관심하다는 겁니다. 혼자서 뭘 그렇게 하는지 다른 사람들은 안중에도 없다고 했지요. 특히 프로젝트를 진행할 때 자기 방식대로 밀고 나가는 바람에 난감해진 적이 한두 번이 아니라고 했습니다. 그 역시 이상한 사람 같았습니다.

한참 이야기를 들은 후에 제가 입을 열었습니다.

"정말 다양한 사람이 모여 있네요."
"그렇죠? 다 이상하다니까요. 그 인간들 때문에 학교에 가기가 싫어요. 도대체 왜들 그럴까요?"

"그러게요. 그 사람들은 무엇을 위해 그렇게 이상한 짓을 할까요?"

"그게 무슨 뜻이에요?"

"사람의 행동에는 목적과 의도가 있어요. 그 사람들도 마찬가지일 테고요. 이상해 보이는 그 사람들의 행동은 무엇을 얻기 위한 것일까요?"

"뭐…… 자기 하고 싶은 대로, 마음 편한 대로 하는 것 아닐까요?"

"그 사람들이 편해지려면 무엇이 필요한데요?"

사람들은 왜 그렇게 이상한 짓을 하는 걸까?

알쏭달쏭한 질문과 대답이 오간 후 다혜 씨에게 욕구에 관해서 설명했습니다. 욕구란 사람에게 반드시 필요한 에너지고, 누구나 자신에게 필요한 에너지의 방향으로 움직이게 됩니다. 다만 사람마다 욕구의 우선순위, 크기, 강도가 다를 수밖에 없지요. 아무리 봐도 이상한 A, B, C는 저마다의 욕구를 채우기 위해서 그러한 행동을 보이는 것일 수 있다는 설명도 덧붙였습니다.

윌리엄 글래서William Glasser는 인간의 행동은 선택에 의해서 이루어지고, 그 선택은 5가지 기본적인 욕구를 충족하기 위해서 움직인다고 주장했습니다. 여기서 5가지 욕구란 생존의 욕구, 사랑과 소속의 욕구, 힘과 성취의 욕구, 자유의 욕구, 즐거움의 욕구를 말합니다. 생존의 욕구란 먹는 것, 자는 것, 쓰는 것과 같이 '살아남기'와 관련한 것이고, 사랑과 소속의 욕구는 관심을 주고받는 것, 사람들과 관계를 나누는 것을 선호하는 욕구입니다. 힘과 성취의 욕구는 다른 사람에게 자신의 힘을 보여 주고 영향력을 미치기를 좋아하는 것이고, 자유의 욕구는 스스로 선택하고 자신의 방식을 지키는 걸 중요하게 생각하는 것입니다. 마지막으로 즐거움의 욕구는 흥미로운 것, 자신에게 기쁨을 주는 것을 우선으로 추구하는 것입니다. 윌리엄 글래서는 사람들은 자각하기도 전에 자신의 욕구를 충족시키기 위해 움직이며, 욕구를 충족하지 못하면 우울, 짜증, 염려에 빠지기도 한다고 설명했습니다.

◎ 윌리엄 글래서의 5가지 욕구 ◎

생존의 욕구	먹고 자고 쓰는 것 등 '살아남기'에 관련한 것
사랑과 소속의 욕구	타인과 관심을 주고받는 것, 인간관계에 관련한 것
힘과 성취의 욕구	사회에 나의 영향력을 뽐내고 인정받는 것
자유의 욕구	스스로 선택하고 지켜나가기를 우선시하는 것
즐거움의 욕구	자기 자신에게 흥미롭고 기쁨을 주는 것을 우선시하는 것

이 밖에도 욕구의 강도와 중요성에 따라 위계가 생긴다고 설명한 에이브러햄 매슬로우Abraham H. Maslow는 욕구를 7단계로 나누었습니다. 1단계인 생리적 욕구에서 시작해 안전의 욕구, 애정과 소속의 욕구, 자기 존중의 욕구, 인지적 욕구, 심미적 욕구, 그리고 7단계 자아실현의 욕구에 이른다고 설명했지요. 매슬로우는 하위 욕구가 충족되어야 상위 욕구로 넘어갈 수 있다고 말합니다.

| 생리적 욕구 | 안전의 욕구 | 애정과 소속의 욕구 | 자기 존중의 욕구 | 인지적 욕구 | 심미적 욕구 | 자아 실현의 욕구 |

이처럼 전문가마다 욕구를 조금씩 다르게 설명하고 있지만, 핵심은 욕구의 종류가 다양하며, 우리가 어떤 행동을 보일 때 그것과의 관계를 살펴보면 동기를 이해하는 데 도움이 된다는 것입니다.

타인을 존중한다는 것의 진짜 의미

다혜 씨와 함께 A, B, C가 각각 어떤 욕구를 지향하는지 생각해 보기로 했습니다.

"A는 인정의 욕구를 가진 것 같아요. 정확하지는 않지만, 다른 사람들이 자신을 알아봐 주고 칭찬해 줄 때 즐거워하는 건 확실해요. 그리고 B는 즐거움의 욕구를 가진 사람인 것 같아요. 오락부장 역할을 톡톡히 하긴 하지요. 지루할 때마다 분위기를 풀어 주니까요. 음…… C는 자유의 욕구? 자신만의 세계와 방식이 있는 것 같아요."

"욕구와 연결 지어 생각해 보니 어떤 생각이 드나요?"

"그 사람들이 조금씩 이해되기는 해요."

"그럼, 다혜 씨는 어떤 욕구를 가진 사람인가요?"

타인의 욕구를 관찰한 후, 다혜 씨에게 자신을 객관적으로 바라보게 했습니다. 어느 순간에 가장 나답다고 느끼는지, 언제 활력이 생기고 언제 기운이 떨어지는지 등을 생각해 보도록 시간을 줬습니다. 한참 후 그녀는 자신은 힘과 성취의 욕구가 강한 사람인 것 같다고 말했습니다. 그러면서 A, B, C보다 선배고 프로젝트 경험이 많음에도 개성이 강한 그들을 통제하지 못한다는 사실에 불만족하고 있었습니다. 자기 뜻대로 이끌지 못하니 더 밉게 보이는 것 같다고도 했지요.

이후에 우리는 다혜 씨가 가진 힘과 성취의 욕구가 어떻게 발휘되는지, 또 어느 영역에서 충족되지 않고 있는지에 대해 이야기 나누었습니다. 다혜 씨는 다음의 3가지 사항을 마음에 담고 돌아갔습니다.

1. 욕구란 누구에게나 중요하다.
2. 사람마다 욕구의 우선순위가 다르다.
3. 나와 타인의 욕구 차이가 갈등을 만들어낼 수 있다.

이제 다혜 씨가 해야 할 일은 타인의 욕구를 존중하고, 동시에 자신의 욕구를 충족시킬 현실적인 방법을 찾는 것입니다. 욕구가 채워지지 않는 상태로 계속 방치하면 자신에게는 짜증이, 타인을 향해서는 미움이 더 커집니다.

종종 농담으로 이런 말을 할 때가 있죠?

"그놈 피해서 다른 곳으로 왔더니 여기에는 더한 놈이 있더라."

학교나 회사처럼 여러 사람이 모인 곳이라면 어디서든 이런 일이 일어납니다. 그런 관점에서 보면 우리도 다른 사람의 눈에는 이상한 사람으로 보일 수 있습니다. 사람마다 우선시하는 욕구가 다르고, 그 욕구를 충족하기 위해 이해할 수 없

서른이 지나도 아직 나를 모른다

는 행동을 하니까요.

타인 존중은 그 사람의 욕구에 대한 관심으로부터 출발합니다. 옆자리의 동료가 언제 가장 생기 있는지, 사랑하는 가족이 언제 편안함을 느끼는지 관찰하고 그것이 위협받지 않도록 배려해 주세요. 욕구가 달라서 차이가 생기고 이 때문에 갈등이 도드라지기도 하지만, 각기 다른 욕구 덕분에 우리는 모두 특별하고 고유의 색깔을 가질 수 있습니다. 욕구는 선택 사항이 아닙니다. 나다움이 드러나기 위해 반드시 채워야 하는 동기의 연료입니다. 이 점을 반드시 기억하세요.

불평 속에
욕구가 있다

얼마 전 회사 내에서 팀을 이동한 태희 씨를 만났습니다. 새로운 팀으로 발령 난 후 의욕적으로 잘해 보려던 그녀는 마음대로 되지 않는 일에 심적으로 지친 상태였습니다.

"새로운 프로젝트의 수주가 필요해요. 상사들도 실적 때문에 위에서 굉장히 압박받고 있거든요. 동료들을 독려해서 우선 실적을 만들어야죠. 그런데 문제는 팀원들이 텃세를 부린다는 거예요. 뭘 물어봐도 정확히 말해 주지 않고, 새로 온 네

서른이 지나도 아직 나를 모른다

가 뭘 알겠느냐는 식으로 반응하거든요. 제가 그 일을 빼앗을까 봐 싫어하는 것 같기도 해요. 일에 그런 게 어디 있어요. 함께하는 거지요. 지금처럼 해서는 아무것도 안 돼요."

태희 씨의 동료 뒷담화는 계속되었습니다. 그들의 편협한 사고가 얼마나 위험한지 말하며 분통을 터트렸지요. 그녀는 어떻게 하면 그들을 이끌 수 있을지 고민하고 있었습니다. 이때 우리가 생각해 봐야 할 것은 태희 씨의 진짜 욕구입니다. 무엇이 충족되지 않아서 이렇게 화를 내고 불평하는 건지 생각해 보면 속마음에 더 쉽게 접근할 수 있습니다.

"팀원들과 마음을 모아 일을 해결하고 싶으신 거죠? 협력을 중요하게 생각하시나 봐요."

"그렇죠. 특히 저는 관계가 일을 만든다고 생각해요. 일을 잘하는 건 한 끗 차이예요. 결국 사람이 중요하죠. 친밀하게 소통하는 관계가 먼저 되어야 일도 잘할 수 있어요."

"그럼, 우리 앞으로 어떻게 하면 동료들과 친밀하게 소통할 수 있는지 방법을 찾아볼까요?"

한숨을 내쉬며 답답해하던 태희 씨의 표정이 어느새 밝아 졌습니다. 그녀가 가진 '관계와 소속의 욕구'에 관심을 가지 며 생긴 에너지 덕분이었습니다. 태희 씨의 불평은 자신의 욕 구 때문에 나타난 것이었습니다. 우리는 내가 진심으로 원하 는 게 무엇인지 잘 모를 때가 많습니다. 욕구는 숨어 있기 때 문이지요. 욕구가 결핍되면 짜증, 분노, 원망, 슬픔 등 부정적 인 감정이 나타납니다. 진짜 욕구는 이 복잡한 감정들에 파묻 혀서 잘 보이지 않습니다.

부정적인 감정의 내면에는 긍정적인 욕구가 있다

감정이 부정적으로 표현되었더라도 그 안에 숨어 있는 욕 구는 부정적이지 않습니다. 심리학자 버지니아 사티어Virginia Satir에 따르면, 인간의 감정은 본래 그 사람이 가진 순수하고 긍정적인 열망과 기대로부터 시작된다고 합니다. 그는 감정 의 근원을 빙산에 비유하여 설명했습니다. 예를 들어 누구나 마음속에 사랑받고 싶은 열망, 성취 해내고 싶은 열망, 자유

서른이 지나도 아직 나를 모른다

에 대한 열망이 있습니다. 바로 이것이 우리가 말하는 욕구입니다. 욕구는 '기대'를 만듭니다. '~하고 싶다.' 혹은 '~하겠지?'라는 식으로요. 이때부터 문제가 발생합니다. 자신과 타인에게 기대하게 되면서 감정이 생기는 것이지요.

기대가 충족되면 욕구와 일치하기 때문에 기쁨과 희망, 만족과 같은 긍정적 감정을 경험하고, 그렇지 않으면 두려움, 슬픔, 분노 등 부정적 감정을 느낍니다. 그리고 이 감정은 표정, 말, 행동을 통해 드러납니다. 이처럼 부정적인 감정과 행동도 내면을 살펴보면 순수한 의도, 긍정적인 욕구로 시작된 것입니다. 그래서 행동은 거칠지만, "사실 마음은 그렇지 않다.", "의도는 그런 것이 아니다".라는 말을 하게 되지요.

태희 씨도 처음에는 동료들에게 답답함과 안타까움, 한심스러운 감정을 느꼈고, 이들을 통제할 만한 강한 리더십을 가지고 싶다고 말했습니다. 하지만 그것은 겉으로 드러난 요구였을 뿐, 깊은 곳에는 사람들과 친밀감을 나누고 소속감을 느끼고 싶다는 욕구가 있었습니다.

욕구는 본래 긍정적입니다. 하지만 숨어 있기 때문에 알아차리기 위해서는 훈련이 필요합니다. 이때 자신의 욕구뿐만 아니라 상대의 숨겨진 욕구를 찾아내는 연습도 병행해야 합니다. 상대의 숨겨진 욕구를 찾아서 공감하면 친밀감과 신뢰를 느끼고 진심과 만날 수 있기 때문입니다.

생각해 보면 우리는 자신의 긍정적인 욕구를 직접적으로 표현하는 데 서투르게 살아왔습니다. 때문에 자신의 욕구를 잘 몰라 불만과 불평의 형태로 말하는 데 익숙해졌지요. 이것은 나이가 든다고 자연적으로 생기는 능력은 아닌 듯합니다.

십 대 아이들은 자주 "아! 내가 알아서 해요!"라고 말합니다. 이런 말은 대개 거친 말투와 짜증스러운 표정으로 전달되기 때문에 부모 입장에서 듣기가 껄끄럽습니다. 그래서 마음이 상한 부모 역시 "머리 좀 컸다고 부모한테 말하는 거 봐!"라는 식으로 반응하기 쉽죠.

그러나 이 까칠한 말 속에도 긍정적인 욕구가 숨어 있습니다. 예를 들어 자율과 존중의 욕구일 수 있습니다. 이제는 좀 컸으니 어릴 때처럼 부모의 간섭을 받지 않고 스스로 행동하고 싶은 것일 수 있지요. 만약 이때 부모가 자녀의 욕구를 알아챌 수 있다면, "그래, 너도 이제 다 컸으니 알아서 하고 싶지?"라고 말해 줄 수도 있겠지요.

이십 대가 되면 욕구 표현 실력이 좀 나아질까요? 글쎄요. 연애를 하다 보면 상대에게 "야! 맨날 네 마음대로 할 거면 왜 나랑 사귀냐? 이럴 거면 그냥 헤어져!"라고 말하는 경우가 있습니다. 이런 말은 상대에게 상처가 됩니다. 왜 화를 내는지, 무엇을 원하는지 알려 주지도 않으면서 헤어지자는 말이나 쉽게 하니 원망스러울 테고요. 물론 이 말에도 긍정적인 욕구가 숨겨져 있습니다. 이를테면 사랑받고 싶은 욕구, 관심받고 싶은 욕구, 우리의 사랑이 안전한지 확인하고자 하는 욕구 말이지요. 그러나 이번에도 "너에게 관심받고 싶어. 주말에는 나와 시간을 더 보내면 좋겠어."라고 말하지 못합니다. 어쩐지 욕구를 드러내는 일은 너무 노골적이라고 느껴질 수도 있고요.

삼십 대에는 어떨까요? 늘 "이놈의 회사! 오늘은 꼭 때려치운다!"라고 말하는 사람이 있어요. 물론 이렇게 말했지만, 내일 아침에도 힘겹게 출근합니다. 이 사람의 숨겨진 긍정적인 욕구는 무엇일까요? 바로 인정받고 싶고, 성취하고 싶은 욕구입니다. 그러나 "제가 이번 일을 열심히 했으니 인정받고 싶었는데, 그렇지 못해서 괴롭네요."라고 말하지 못한 것이죠.

불평과 비난의 방식에서 벗어나 자신의 욕구를 정확히 표현하기 위해서는 연습이 필요합니다. 특히 감정의 변화가 일어났을 때 행동의 변화가 함께 일어난다면 그곳에는 반드시 욕구가 존재합니다. 그 순간 욕구를 알아차리기 위해 스스로에게 이런 질문을 던져 보아야 합니다.

'나는 어떤 기대가 무너져서 화가 나는 거지?'
'저 사람은 어떤 욕구가 있었기에 슬퍼하는 거지?'

우리는 지금보다 욕구를 더 드러낼 필요가 있습니다. 아직도 '욕구'라고 하면 '욕망'을 연상하면서 부정적인 의미로 해석하는 분들이 있을 겁니다. 이들은 욕구가 지나치게 본능적이고, 개인적이기 때문에 관계에서 드러내기엔 불편하다고 오해합니다. 다시 한번 강조하자면, 욕구는 에너지입니다. 충족되어야 생기 있고 나다워져요. 자신의 욕구를 이해하고 존중하세요. 자신의 욕구를 존중할 수 있어야 타인도 나의 욕구도 배려할 수 있습니다. 동시에 상대의 욕구가 무엇인지 관심을 가져 보세요. 겉으로 보이는 부정적인 말투와 행동에 집중하지 말고 그 안에 숨겨진 욕구를 바라보는 겁니다. 그리고 질문을 통해 숨어 있는 긍정적 욕구에 반응하세요. 상대의 마음에 공감할 수 있는 것은 물론이고, 마음을 헤아리는 폭이 넓어지면서 나 역시 한결 가벼워지는 것을 경험하게 될 테니까요.

친밀한 관계일수록
서로의 욕구를 존중해야 한다

우리는 가까운 사이일수록 기대하는 것이 많고 욕구가 충족되지 않을 때 상대를 원망하게 됩니다. 그렇게 차이를 이해하지 못하고 멀어지거나 관계를 단절하기도 하죠. 남녀 관계에서도 마찬가지입니다. 사랑하는 사이라도 우선순위의 욕구는 다릅니다. 예를 들어 한 사람은 먹고사는 문제, 즉 '생존의 욕구'가 강한 반면, 다른 한 사람은 사랑받고 사랑하는 '사랑과 소속의 욕구'가 강할 수 있습니다. 어떤 사람은 자신만의 시간과 공간을 가지고 싶은 '자유의 욕구'가 강한 반면, 또 다른

이는 동호회나 취미 활동을 즐기는 '즐거움의 욕구'가 강할 수도 있죠. 이처럼 욕구는 제각각입니다.

친밀한 관계일수록 서로의 욕구를 존중하는 일이 매우 중요합니다. 예를 들어 즐거움의 욕구가 높은 남자와 소속의 욕구가 강한 여자가 연애를 한다고 가정해 볼게요. 연애 초반에 남자는 여자 친구에게만 집중합니다. 친구들과의 모임이나 동호회도 잠시 멀리할 수 있겠지요. 하지만 곧 에너지 고갈을 느끼게 될 겁니다. 나다움을 잃어버리고 있다는 느낌이 들 테고요. 남자는 다시 즐거움의 욕구를 충족하기 위해 동호회 모임을 찾습니다. 말하자면 이것은 자연스러운 욕구 충족의 상태로 돌아가는 겁니다.

반면 소속의 욕구가 강한 여자 친구는 그런 남자 친구의 행동을 이해할 수 없을지도 모릅니다. 사랑한다면 함께해야 한다고 생각하니까요. 애정이 식었다는 생각밖에 들지 않습니다. 남자를 보면서 "그것 봐! 너는 더 이상 나를 사랑하지 않는 거야!"라고 화내게 되고, 남자는 "왜 나를 네 마음대로 하려고 하니!?" 하고 따지게 되는 것이죠.

이처럼 애정 관계에서 한 사람이 욕구를 일방적으로 참거나 지연하면 문제가 생깁니다. 우리는 누구나 자연스러운 상

태의 나를 추구합니다. 욕구를 계속해서 미루면 스트레스가
발생하고, 자신을 드러낼 수 없게 되면서 이 관계를 지속해야
할지에 대한 고민이 커지니까요. 따라서 연인끼리 서로의 우
선 욕구가 무엇인지 이해하는 일은 중요합니다. 욕구는 관계
에서 나다워짐을 훼손시키지 않는 방법을 알고 있으니까요.
욕구의 차이를 이해하는 커플은 불필요한 감정의 소모전과
오해를 막을 수 있습니다. 차이를 극복할 수 있는 아이디어를
발견해 관계를 발전시켜 나갈 수도 있고요.

부부의 갈등 해소법

근래 아주 사소한 일로도 남편에게 짜증을 내는 일이 늘었
습니다. 큰 싸움으로 번지진 않았지만, 남편이 미워 마음이
불편한 일이 잦아졌습니다. 스트레스 반응이 많아진다는 것
은 욕구를 충족하지 못하고 있다는 신호입니다. 어떤 욕구가
충족되지 않아서 이렇게 짜증이 나는지, 남편과 저의 욕구에
대해서 생각해 보며 우리가 놓치는 것이 무엇인지 돌아보는
시간을 가지기로 했습니다.

먼저, 남편이 언제 미운지 리스트를 만들었습니다.

1. "미안해."라고 말해 놓고 또 같은 일을 반복할 때

2. "내가 할게."라고 말해 놓고 바로 실행하지 않을 때

3. "생각해 보자."라고 말하고 미룰 때

항목을 보면서 '나는 어떤 욕구를 가진 사람일까?' 생각해 보았습니다. 버크만 이론으로 설명하자면, 저는 완전한 규칙과 체계, 시스템이 안정되어야 편안함을 느끼는 '관리자 유형'의 사람입니다. 하기로 한 것은 반드시 해야 하고, 말로 뱉은 것은 바로 지켜야 신뢰를 느낍니다.

윌리엄 글래서 박사의 욕구 유형으로 이야기하자면, 저의 우선욕구는 '힘과 성취의 욕구'입니다. 상황을 개선하기 위해 상대에게 지시나 조언을 하고, 상황을 통제하며 개선하려는 욕구가 큽니다. 욕구를 충족하지 못하면 스트레스 반응이 나타납니다. 본래 그 사람이 가진 심리 기능이 정상적으로 발휘되지 않기 때문이죠. 남편에게 화가 나는 상황은 대체로 관리자의 욕구를 충족하지 못했을 때 일어납니다.

그렇다면 남편의 욕구는 무엇일까요? 얼마 전 남편이 했던 욕구 진단지를 다시 살펴보았습니다.

1. 감정을 중시하고 존중받고자 한다.
2. 충분히 생각할 시간이 있기를 원한다.
3. 가장 이상적인 모습을 그리고 꿈꾼다.

남편은 버크만 진단에 따르면 '계획자 유형(혼자 생각하고 상상하는 사람)'입니다. 자신만의 시간과 공간에서 더 좋은 결과를 위해 오래 생각하고, 섬세하고 예민한 감정을 존중받고 싶어 하는 사람이죠. 글래서 박사의 욕구 유형에 따르면 '사랑과 소속의 욕구'가 우선 욕구입니다. 가족과 친밀하게 상호작용하고 인정받는 게 중요한 사람이었던 것이죠.

'관리자 유형-계획자 유형', '힘과 성취의 욕구-사랑과 소속의 욕구'를 가진 남녀가 함께 살다니, 힘들 만도 했습니다. 남편은 감정적으로 존중받기를 원하는 사람이기 때문에 제가 화를 내거나 불만을 토로하면 먼저 "미안해, 내가 할게."라고 말합니다. 사실 이 말의 진짜 의미는 '지금 당장 할게.'가 아닌 '큰소리 내지 말자. 나에게 시간을 줄래?'였죠. 그러나

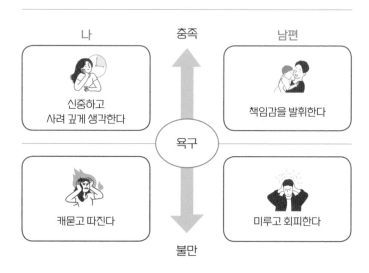

관리자 유형은 스트레스를 받으면 꼬치꼬치 캐묻고, 따지고, 비판하는 모습을 보입니다. 남편이 약속한 것을 지키지 않으면 저는 공격적으로 싸움을 걸었죠. 제 그런 태도에 남편 역시 스트레스 반응을 보였습니다. 점점 더 말이 없어지고, 미루고, 회피하는 계획자 유형의 역기능이 나타났죠. 한동안 이런 패턴으로 대화를 나누었으니 서로 불편할 수밖에 없었습니다.

욕구를 분석하다 보니 '남편도 참 답답했겠구나!'라는 안쓰러움이 밀려왔습니다. 한창 아이들이 자랄 때라 자신만의 시간과 공간조차 갖기 어려운 사람에게 여유를 주지는 못할망정, "당장 답을 달라, 왜 당장 실행하지 않느냐."라고 닦달한 것이죠. 늘 남편이 먼저 사과했지만, 언제 터질지 모르는 욕구 부족 상태였습니다.

남편은 책임감이 강해 자신의 몫을 반드시 해내는 사람입니다. 가만히 두면 스스로 약속을 지키죠. 하지만 저의 스트레스 반응이 남편의 강점 발휘를 방해했습니다. 저 역시 가정의 기본적인 원칙과 질서가 무너진 상태에서는 제 강점인 신중함, 사려 깊은 생각과 행동을 발휘할 수 없었습니다. 우리 부부는 서로의 욕구를 충족할 현실적인 방법을 찾을 필요가 있었습니다.

그날 저녁, 남편과 마주 앉아 우리의 욕구 리스트와 차이점에 대해 이야기를 나누었습니다. 저는 남편의 욕구를 헤아리지 못한 점을 사과하고 제 욕구를 이해하고 존중하는 방법도 알려 주었습니다.

"여보, 여기 적은 3가지는 존중해 주세요. 난 이것들이 잘지켜져야 안심하고, 나다운 모습을 발휘하는 사람이에요. 나도 당신의 감정을 상하게 하는 언어를 사용하지 않도록 조심하고, 당신이 생각할 시간을 가질 수 있도록 조금 더 기다릴게요."

"나도 노력할게요. 이해해 줘서 고마워요."

물론 이후에도 짜증을 내고 후회할 때가 있었고, 남편 역시 계속 사과할 일이 생기곤 했습니다. 하지만 그럴 때마다 존중하고 존중받아야 할 서로의 욕구에 대해 생각합니다. 그리고 제가 원하는 것을 상대가 배려할 수 있도록 정확히 알려 줍니다. 동시에 상대에게 필요한 욕구를 인정하기 위해 노력합니다. 이것이 부부라는 귀하고도 어려운 관계를 유지하는 데 힘이 됩니다.

진정한 애정이란 '우리는 하나', 혹은 '나를 사랑한다면'이 아니라, 내가 나일 수 있도록, 그 혹은 그녀가 그 자체일 수 있도록 서로의 욕구를 이해하고 배려하는 지혜를 발휘하는 것 아닐까요?

SUMMARY

✦ **욕구**란 우리의 내부 에너지를 유지시키는 동기입니다. 욕구가 충족될 때 비로소 나다워지며, 제대로 충족되지 않으면 자기다움을 잃고 스트레스 반응을 일으킵니다.

✦ 상황에 따라 달라지는 자신을 이해하려면 한 사람 안에는 여러 가지 욕구가 있다는 사실을 알아야 합니다. 복잡한 양상의 욕구를 안전하게 충족시킬 수 있는 환경이 마련되어야 비로소 나다워질 수 있습니다.

✦ 욕구는 내적으로 불균형하다는 신호이며, 사람마다 우선순위가 다르게 나타납니다. 나와 타인의 욕구 차이로 갈등을 빚을 수 있지만, 각자의 욕구는 모두 특별하고 나름의 색깔을 가진다는 것을 알아야 합니다.

✦ 외부로 표현된 감정이 부정적이더라도 욕구는 본래 긍정적입니다. 하지만 숨어 있기 때문에 숨은 욕구를 찾아 적절히 충족시키는 훈련이 필요합니다.

워크시트
: 욕구

욕구는 삶의 에너지입니다.
이럴 때 살펴보면 도움이 됩니다.

✦ 불안하고 예민해질 때

✦ 일상에서 자주 방전된다고 느낄 때

✦ 관계에서 느끼는 불편함이 커질 때

나의 욕구 바라보기

⌣

"그건 너답지 않아!" 혹은 "너답게 행동해!" 같은 말을 들을 때마다 '나다운 것'은 무엇인지 생각하게 됩니다. 당신은 언제 '나답다.'라고 느끼나요? 밤샘 작업으로 일을 마무리했을 때, 혼자 평화롭게 산책할 때, 새로운 사람과 이야기 나눌 때 등, 말과 행동이 자연스러워지고 기분이 좋을 때는 언제인가요?

다음의 문장을 완성해 보세요. 물론 다른 문장을 추가해도 좋습니다. 쓰다 보면 어떤 공통점이나 패턴이 보일 겁니다. 그것이 다른 사람에게 보이는 당신다운 모습일지도 모르니 잘 살펴보세요.

★ 나는 _____ 때 기쁘다(즐겁다).

★ 나는 _____ 때 만족스럽다.

★ 나는 _____ 에 관심이 많다.

★ 나는 _____ 하는 것을 좋아한다.

★ 나는 _____ 하고 싶다.

'나다운 것'이 무엇인지 알고 싶다면 자신을 꾸준히 관찰해야 합니다. 나 자신을 이해하는 데 MBTI, 에니어그램, 버크만 진단 등이 도움이 될 수도 있습니다. 이 세상 모든 사람을 몇 가지 분류로 설명할 수는 없지만, 사람을 이해하는 데 필요한 몇 가지의 틀은 배울 수 있습니다.

욕구 강도 프로파일

⌣

욕구는 반드시 충족되어야 합니다. 욕구가 채워져야 내가 가진 본래의 아름다움이 드러날 수 있으니까요. 그러려면 내가 어떤 욕구를 가졌는지 알아야 합니다.

다음 항목은 윌리엄 글래서의 이론에 입각한 '욕구 강도 프로파일'입니다. 각 문항에 답해 보세요.

PART 1

	질문	전혀 그렇지 않다	대체로 그렇지 않다	보통 이다	대체로 그렇다	완전히 그렇다
1	돈이나 물건을 절약한다.					
2	돈으로 살 수 있는 것에 각별한 만족을 느낀다.					
3	건강 유지에 관심이 있다.					
4	균형 잡힌 식습관을 하려고 노력한다.					
5	성적인 것에 관심이 많다.					

6	매사 보수적인 편이다.					
7	안정된 미래를 위해 저축하거나 투자한다.					
8	부득이한 경우가 아니면 모험을 피하고 싶다.					
9	외무를 단정하게 가꾸는 데 관심이 있다.					
10	쓸 수 있는 물건은 버리지 않고 간직한다.					

PART 2

	질문	전혀 그렇지 않다	대체로 그렇지 않다	보통 이다	대체로 그렇다	완전히 그렇다
11	많은 사랑과 친근감이 필요하다.					
12	타인의 복지에 관심을 둔다.					
13	타인을 위한 일에 시간을 낸다.					
14	여행 시 옆자리 사람에게 말을 건네곤 한다.					
15	사람들과 함께 있는 것을 좋아한다.					
16	지인들과 늘 가깝고 친밀하게 지낸다.					
17	배우자가 내게 관심 갖기를 바란다.					
18	다른 사람이 나를 좋아하기를 바란다.					
19	다른 사람에게 친절하게 대한다.					
20	배우자가 나의 모든 것을 좋아하기를 바란다.					

PART 3

	질문	전혀 그렇지 않다	대체로 그렇지 않다	보통 이다	대체로 그렇다	완전히 그렇다
21	내가 하는 일이나 직업에 대해 인정받고 싶다.					
22	다른 사람에게 충고나 조언을 곧잘 한다.					
23	다른 사람에게 무엇을 하라고 잘 지시하는 편이다.					
24	경제적으로 남들보다 잘살고 싶다.					
25	다른 사람에게 칭찬 받는 것을 좋아한다.					
26	내 밑에서 일하는 사람에게 문제가 있을 때 쉽게 해고한다.					
27	어떤 집단에서든 리더가 되고 싶다.					
28	자기 분야에 탁월한 사람이 되고 싶다.					
29	자신을 가치 있는 인간이라고 느낀다.					
30	내 성취와 재능을 자랑스럽게 여긴다.					

PART 4

	질문	전혀 그렇지 않다	대체로 그렇지 않다	보통 이다	대체로 그렇다	완전히 그렇다
31	다른 사람이 내게 지시하는 것이 싫다.					
32	내가 원하지 않는 일을 하라고 하면 참기 어렵다.					
33	다른 사람에게 어떻게 살아야 한다고 강요하면 안 된다고 생각한다.					
34	누구나 인생을 살고 싶은 대로 살 권리가 있다.					

		전혀 그렇지 않다	대체로 그렇지 않다	보통 이다	대체로 그렇다	완전히 그렇다
35	인간의 자유로운 선택 능력을 믿는다.					
36	내가 하고 싶은 일을 하고 싶을 때 하고 싶다.					
37	누가 뭐라 해도 내 방식대로 살고 싶다.					
38	인간은 모두 자유롭다.					
39	배우자의 자유를 구속하고 싶은 생각은 없다.					
40	나는 열린 마음을 지니고 있다.					

PART 5

	질문	전혀 그렇지 않다	대체로 그렇지 않다	보통 이다	대체로 그렇다	완전히 그렇다
41	큰 소리로 웃기를 좋아한다.					
42	유머를 사용하거나 듣는 것이 즐겁다.					
43	스스로에 대해서도 웃음이 날 때가 있다.					
44	뭐든지 유익하고 새로운 것을 배우는 것이 즐겁다.					
45	게임이나 놀이를 좋아한다.					
46	여행을 좋아한다.					
47	독서를 좋아한다.					
48	영화 관람을 좋아한다.					
49	음악 감상을 좋아한다.					
50	새로운 방식으로 일하거나 생각해 보는 것이 즐겁다.					

위 항목들은 나다움에 필요한 것이 무엇인지 알려 줍니다.

각 항목의 점수를 더해 어떤 욕구가 강한지 순위를 매겨 보세요. 전혀 그렇지 않다: 1점, 대체로 그렇지 않다: 2점, 보통이다: 3점, 대체로 그렇다: 4점, 완전히 그렇다: 5점입니다.

항목	점수	순위
PART 1 생존의 욕구		
PART 2 사랑과 소속의 욕구		
PART 3 힘과 성취의 욕구		
PART 4 자유의 욕구		
PART 5 즐거움의 욕구		

욕구 강도 프로파일 결과를 보면서 아래 질문에 답해 보세요.

• 가장 점수가 높은 항목은 무엇인가요? 그것과 관련해 당신이 경험한 구체적인 사례에는 무엇이 있나요?

• 언제 스트레스를 받나요? 그것은 어떤 욕구와 관련이 있나요?

• 점수가 높은 항목 중에서 현재 충족하지 못하고 있는 욕구는 무엇인가요? 그것이 중요한 욕구임에도 충족되지 않는 이유는 무엇인가요? 해당 욕구를 충족하기 위해 할 수 있는 일은 무엇인가요?

욕구가 보내는 신호 해독하기

$\smile$

욕구는 우리에게 실시간으로 신호를 보냅니다. 이때 나와 타인의 욕구를 정확히 이해하기 위해서는 '숨어 있는 진짜 욕구'를 찾는 연습을 해야 합니다. 겉으로 드러나는 부정적인 감정이 아닌, 그 안에 숨은 긍정적인 욕구를 찾으면 진심과 만날 수 있고 훨씬 효과적인 행동을 선택할 수 있으니까요.

★ 최근 당신은 어떤 일에 자주 투덜거렸나요?

불만, 투정, 비난이라는 이름의 주머니 안에는 욕구가 숨어 있습니다. 당신이 투덜거리는 이유도 어떤 욕구가 꿈틀거리기 때문입니다. 이렇게 숨은 욕구를 찾아내려면 자신에게 다음의 질문을 던지는 연습을 해야 합니다.

- 기분이 상한 이유가 뭐였을까?

- 어떤 기대가 무너졌을까?

- 어떤 긍정적인 의도(욕구)가 있었을까?

예를 들어 한 여성이 "헤어스타일을 바꿨는데도 남자 친구가 알아차리지 못해서 서운해요."라고 한다면, 그녀의 어떤 기대가 무너진 것일까요? 어떤 긍정적 의도가 있던 걸까요? '남자 친구에게 관심을 받고 싶은 마음'이겠지요. 이렇게 '아, 나는 사랑하는 사람에게 관심을 받고 싶구나.' 하고 숨은 욕구를 발견하게 됩니다.

최근에 투덜거린 일을 앞의 3가지 질문을 통해 다시 한번 떠올려 보세요.

- 기분이 상한 이유가 뭐였을까?

- 어떤 기대가 무너졌을까?

- 어떤 긍정적인 의도(욕구)가 있었을까?

이 과정을 충분히 연습하면 숨은 욕구를 찾을 수 있습니다. 욕구를 빨리 알아차리면 부정적인 정서에서 서둘러 벗어날 수 있지요. 그러면 나중에 후회하거나 자신을 책망하는 일도, 타인과 세상에 화가 날 일도 줄어듭니다. 무엇보다 자신의 욕구를 존중하기 위한 해결책을 찾는 데 집중할 수 있게 됩니다.

- 잠시만, 지금 기분이 상하려고 하네? 내게 어떤 욕구가 있지?
- 지금 이 행동이 내 욕구에 도움이 되나?
- 내 욕구를 존중하려면 무엇을 해야 할까?

이렇게 나의 욕구를 들여다보면 타인의 욕구도 잘 알아보게 됩니다. 소리 지르는 상사를 보며 '성과를 내고 싶군.'이라고 파악할 수 있고, 짜증 내는 아이를 보며 '사랑받고 싶구나!'라고 이해할 수 있습니다. 주변을 둘러보세요. 마음 상한 사람이 있나요? 그 사람이 숨긴 긍정적 욕구는 무엇일까요?

타인의 욕구를 존중하면 나의 욕구도 존중받을 수 있습니다. 상대의 숨겨진 긍정적 욕구를 읽어 주세요. 그 과정에서 소중한 사람을 더 이해하고 내가 더 깊어지는 경험을 하게 됩니다.

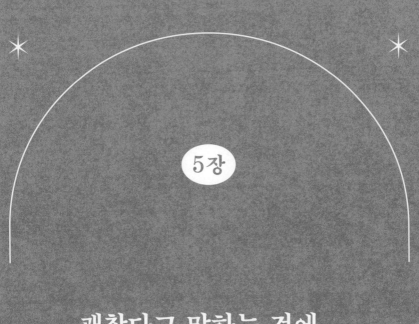

5장

괜찮다고 말하는 것에
지쳤을 때, 감정

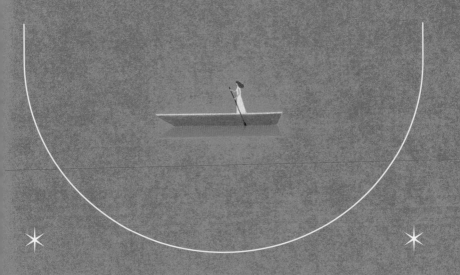

나는 왜 항상
참기만 할까

대학생 정연 씨는 관계의 피곤함을 호소하며 코칭을 신청했습니다. 사람들 사이에서 마음이 지금보다 가벼워지고 싶다면서요. 처음 만난 정연 씨는 첫인상이 부드럽고 편안한 사람이었습니다. 조금만 대화를 나누어 보아도 배려심이 깊고 따뜻한 사람이라는 것이 느껴졌죠.

"따뜻한 사람이라는 말을 자주 들을 것 같아요."

정연 씨는 웃으며 그렇다고 대답했지만, 어딘가 달갑지만은 않은 것 같았습니다.

"방금 한 말이 그리 반갑지는 않은가 봐요. 어떤 사람이라는 말을 듣고 싶은가요?"

"저는요, 따뜻하고 편한 사람인 것도 좋지만, 할 말은 하는 사람이 되고 싶어요."

"평소에 할 말을 못 할 때가 있나 봐요."

"네, 특히 친한 사람이나 후배들에게 그런 것 같아요. 싫은 소리를 잘 못하거든요. 화도 안 내는 편이고요. 그냥 참고 넘어갈 때가 많아요."

"다르게 행동했어야 한다고 생각하시나요?"

"네, 참지 않고 '그건 네 잘못이야!'라고 똑바로 말했어야 했는데……. 그 생각만 하면 화가 나요. 항상 참고 넘어가니까 저를 무시하는 것 같기도 하고요."

"그렇게 참는 자신을 보면 어떤 느낌이 드나요?"

"답답해요. 주체적이지 못한 사람처럼 느껴지기도 하고요."

정연 씨는 사람들이 자신을 좋은 사람, 착한 사람이라고 칭찬하는 게 부담스럽다고 했습니다. 그런 말을 자주 듣다 보니 언제부턴가 '나는 착한 사람이니까 화를 내면 안 돼!'라는 생각이 든다고 합니다. 또한 하고 싶은 말을 제때 하지 못해 답답해했습니다. 하고 싶은 말이 나중에야 생각나는 바람에 참고 참은 게 한두 번이 아니라고 했습니다. 울컥 솟는 화를 참기 힘든데 어떻게 해결해야 할지 몰라 점점 스트레스가 쌓여가고 있었습니다.

풀리지 않은 감정의 응어리는 가장 가까운 가족에게 분풀이하는 일로 이어졌습니다. 밖에서는 한없이 마음 넓은 사람처럼 굴고, 집에 오면 편한 사람들에게 성질을 부리는 자신이 싫다며 속상해했습니다.

정연 씨가 앞으로 할 말을 제때하고 '그건 네 잘못이야!'라고 말할 수 있게 되려면 무엇을 연습해야 할까요? 지금 그녀가 제대로 접촉하지 못하는 것은 무엇일까요? 바로 감정입니다. (심리학에서는 감정, 정서, 기분 등을 구분하여 정의하지만, 이 책에서는 우리에게 익숙한 '감정'이라는 단어를 대표로 사용하고자 합니다.) 감정은 어떤 대상에 대해서 일어나는 마음이나 기분으로, 나의 내면에서 일어나는 가장 직접

적이고 정확한 신호입니다. 감정이 일어난다는 것은 지금 내가 무엇을 원하고 혹은 원하지 않는지를 알려 줍니다.

감정은 미묘하고 섬세하며, 그 색깔 또한 다채롭습니다. 그러므로 타인과의 소통이 잘 되려면 우선 나의 감정을 알아차리는 일을 잘해야 합니다.

정연 씨는 자신의 감정과 원활하게 접촉하지 못하고 있습니다. 감정을 오랫동안 꾹꾹 눌러 온 탓에 자신이 화가 났는지, 속상한지, 원망스러운지 제때 감지하지 못하는 거죠. 정연 씨의 감정은 하나의 덩어리로 단단하게 굳어 있었습니다. 불편한 감정을 표현하는 말은 '화가 난다.', '답답하다.', 긍정적인 감정을 표현하는 말은 '편해요.', '좋아요.'에 그쳤습니다.

이렇게 감정과 소통하는 길이 막히면 내가 무엇을 원하는지, 또 무엇을 말하고 싶은지 정보를 얻기 어렵습니다. 화를 내야 할 순간에 습관적으로 괜찮다고 말해 버리게 되는 거죠. 정연 씨가 앞으로 '따뜻하고 편한 사람'이라는 이미지에 갇히지 않고 속 시원하게 소통하고 싶다면, 순간순간 마음에 일어나는 감정을 헤아리는 일을 먼저 해결해야 했습니다.

나는 내 감정을 얼마나 아는가

정연 씨처럼 자신의 감정에 무디고, 제때 적절하게 밖으로 꺼내지 못해 답답해하는 사람이 많습니다. 심지어는 자신의 감정이 딱딱하게 굳고 있다는 것조차 모르다가 어느 날 쌓인 감정이 한꺼번에 무너져 당황하고 우울해하기도 합니다.

강의 때 이번 주에 느낀 감정들을 생각나는 대로 적어 보라고 하면 대부분 3~5개 정도의 감정을 느꼈다고 적습니다. 작성한 감정의 종류도 기쁨, 슬픔, 화, 짜증 등 제한적입니다. 나름대로 열심히 고민해서 썼는데 말이지요.

특히 남성은 감정을 더욱 낯설게 여깁니다. 감정을 나누는 건 소모적인 일이고, 감정을 드러내는 건 약하고 부적절하다고 배웠기 때문입니다. 어릴 때 부모에게 감정을 존중받거나 공감받은 경험이 적은 사람일수록 감정을 방치합니다. 그렇게 성인이 되면 자신의 감정에 귀 기울이는 법을 모르게 되지요.

우리는 하루에도 수십 번씩 감정의 파도를 탑니다. 때로는 잔잔하게, 때로는 폭풍처럼 밀려오는 감정들이 무엇인지 알아차리고 적절히 대우해 줘야 마음에도 길이 뚫립니다. 감정

순환이 원활하지 않으면 내면의 통로가 막히고, 결국 자신과의 소통이 어려워집니다.

정연 씨처럼 "차라리 참고 말지.", "내가 견디고 말지." 하고 넘기다 보면, 결국 해소하지 못한 감정들이 모여 마음에 맺힙니다. 감정의 흐름을 바꿀 수는 있어도 영영 막을 수는 없습니다. 결국 어딘가에 모인 감정들이 억지로라도 밖으로 나갈 길을 만들어 내지요. 그러다가 불쑥 터져 버리면 자신도, 주변 사람들도 감당하기 어려워집니다. 그러기 전에 우리가 만나야 할 감정의 정체가 무엇인지 더 알아보겠습니다.

감정의 물병을
비워라

감정은 우리에게 어떤 도움을 줄까요? 감정을 무시해 버리면 어떤 문제가 생길까요? 감정의 역할은 몇 가지로 정리해 볼 수 있습니다. 우선, 감정에는 중요한 정보들이 담겨 있습니다. 그래서 우리에게 무언가를 알려 주지요.

예를 들어 잠자리에 누웠는데 잠은 오지 않고 심장이 쿵쾅거린다면 당신이 무언가를 기대하고 있다는 뜻입니다. 다리가 떨리고 집중이 잘 안 된다면 무언가를 불편해하고 있다는 뜻입니다. 이렇게 감정이 보내는 신호에 귀를 기울이면 지금 나에게 가장 필요한 것과 해야 할 것이 무엇인지 우선순위를 알 수 있습니다.

감정은 우리를 움직입니다. 어떤 감정을 느꼈을 때 행동으로 옮기게 하는 힘이 있지요. 예를 들어 화가 나면 소리를 지르거나 상대에게 경고합니다. 슬프면 눈물을 흘리거나 주변으로부터 위로를 이끌어 내지요. 희망은 어려운 고비를 견디고 앞으로 나아갈 수 있게 합니다. 이렇게 감정이 세상을 만들어갑니다.

또 감정은 우리의 인지와 기억에도 영향을 미칩니다. 우리가 어떤 일을 주의 깊게 생각할 때 우리 몸에서는 전두엽이 활성화됩니다. 최적의 의사결정을 위해 뇌의 이성을 사용하여 어떤 일을 본격적으로 시작할 것인지 말 것인지 결정을 내려 주는 것이 바로 감정입니다. 직관적으로 좋다, 싫다는 감정이 매우 빠르고 솔직하게 제 역할을 하지요.

감정과 이성은 구조적, 그리고 기능적으로 밀접하게 상호작용하고 있습니다. 인간이 이성적인 존재라고 생각하시나요? 그것은 감정이 협조해 줄 때만 가능합니다. 감정이 위험 신호를 감지하고 예민하게 작동하지 않으면 전두엽은 제 기능을 온전히 발휘하지 못합니다. 감정을 담당하는 변연계 기관에 의사 결정권을 넘겨주는 구조로 되어 있거든요.

꼭 기억해야 할 한 가지는 감정은 우리가 잘 살 수 있도록 돕는다는 점입니다. 감정은 우리 인간의 생존과 적응, 연결과 번영을 위해 일합니다. 흔히 긍정적인 감정, 행복하고 희망찬 감정은 지향하고, 화, 공포, 혐오, 슬픔, 부끄러움, 수치심 같은 감정은 나쁘고 되도록 피해야 한다고 생각합니다. 그러나 그것은 오해입니다.

부정적인 감정 역시 역할이 있습니다. 혐오감이 있기에 더럽고 위험한 것을 피해 살아남을 수 있고, 공포가 있기에 몸을 움츠려 자신을 지킬 수 있습니다. 사랑하는 사람을 잃었을 때의 슬픔은 애도의 시간을 갖게 하고, 그 과정을 거쳐 인생의 다음 관문으로 한 걸음을 내딛게 합니다. 부끄러움과 수치심 역시 하지 말아야 할 것을 알려 주고 실수를 반복하지 않도록 돕습니다. 이처럼 감정에는 필요한 정보를 알려 주고 나와 세상을 움직이는 힘이 있습니다.

감정은 우리가 잘 살도록 돕는다

이렇게 중요한 역할을 하는 감정과 나는 잘 소통하고 있을까요? 인간은 관계 속에서 온전히 성장할 수 있습니다. 이때 '관계'는 타인과의 상호작용만을 의미하는 것이 아닙니다. 나 자신과의 연결이 바탕에 깔린 개념이지요. 자신과 잘 연결되는 사람이 타인과도 잘 소통할 수 있다는 말입니다.

그렇다면 나와 연결된다는 것은 무엇일까요? 내가 가진 정서, 욕구, 생각을 왜곡하지 않고 있는 그대로 알아차리는 것을 뜻합니다. 그러려면 중요한 정보가 담긴 감정이 보내는 신호를 유심히 살펴야 합니다. 감정의 정체와 뜻을 알아볼 수 있게 되면, 내 마음을 더 잘 해석하게 되는 것이지요.

이런 관점에서 볼 때 할 말은 하고 싶다던 정연 씨처럼 자신의 감정을 무시하는 건 바람직하지 않습니다. 화가 났는데도 화나지 않은 척, 슬픈데 슬프지 않은 척 행동하면 당장은 불편한 일이 벌어지지 않겠지만, 스펀지 같은 감정이 상황을 흡수해서 그 기억이 오래도록 무의식에 남습니다. 그래서 자신을 존중하지 않은 상대에게 점점 화가 나고, 당하고만 있는 자신이 답답하고 한심스럽게 느껴지지요. 하지만 내가 감정과 연결되지 않고 스스로 존중하지 않으면 타인도 나의 감정을 존중해 줄 수 없다는 걸 알아야 합니다.

감정을 무시하면 또 다른 문제도 발생할 수 있습니다. 감정에는 '물병의 법칙'이 적용됩니다. 사람은 누구나 감정의 물병을 한 개씩 가지고 있습니다. 물론 그 크기는 각기 다릅니다. 이 사람의 물병은 500밀리리터인 반면, 다른 사람의 물병은 1.5리터일 수 있지요. 우리는 이 물병이 다 차서 넘치기 전에 쏟아 내야 합니다. 물이 다 차면 감정의 홍수가 몰아쳐서 적절하지 않은 순간 적절하지 않은 사람에게 쏟아 내게 됩니다. 평소 아주 조용했던 사람이 아무것도 아닌 일에 폭발하는 모습을 보이는 것이 이와 같은 경우입니다. 감정의 물병은 넘치기 전에 비워야 합니다. 이때 물병을 비운다는 것은 수시로 나 자신의 감정을 알아차리고 적절히 표현하는 것, 즉 해소와 조절을 의미합니다.

감정에
정확한 이름을 붙여라

감정은 그 모양이 어떻든, 내 마음에 놀러 온 친구와 같습니다. 내 친구가 나에게 무언가를 알려 주기 위해서 방문했다면 우선 인사하고 받아들여야겠지요. 우리는 그것을 '수용'이라고 부릅니다. 그리고 환영한다는 의미로 이름을 불러 줘야 합니다. 어떠한 감정을 느꼈을 때 그것이 의미하는 바가 안타까움인지, 아찔함인지, 설렘인지 이름표를 만들어 주는 겁니다. 감정에 이름표를 붙인다는 것은 감정의 주체로서 그것을 객관적으로 바라보고 충분히 경험하는 것을 뜻합니다.

정연 씨는 감정에 이름표 붙이는 연습을 시작했습니다. 다양한 감정 단어를 먼저 익히고 평소에 느낀 불편한 상황들을 감정과 연결시키는 연습이었지요. 그리고 한동안 감정 일기라고 불리는 과제를 열심히 수행했습니다.

감정 일기란, 내가 경험한 사건과 그 사건에서 느낀 다양한 감정에 대해 기술하는 활동입니다. 각각의 감정에 이름을 붙이고 그 감정에 어떻게 대응했는지를 씁니다. 약 3개월 동안 감정 일기를 쓴 정연 씨는 이제 제법 자신의 감정을 실시간으로 알아차리고 존중하는 방법을 찾았습니다. 예를 들면 다음과 같이 말이지요.

◎ 정연 씨의 감정 일기 ◎

상황	후배가 커피를 타서 내 자리로 찾아왔다. 혼자서 준비하던 과제에 문제가 생겨 도움을 구하러 왔다고 했다.
감정	'당황스러웠다'. 내가 해야 할 일도 이미 충분히 많았기 때문이다. 한편으로는 어떻게 거절할지에 대한 '걱정스러움', 후배에 대한 '안쓰러움'도 느꼈다.
대응	그래서 나는 우선 후배가 작업해야 할 방향에 대해서 조언한 뒤, 내게 있는 급한 일을 마무리하고 나서 같이 작업하자고 제안했다. 그렇게 말하고 나니 안심이 되고 편안해졌다.

정확하게 느껴라,
"나 화났어"라고 말하라

심리학 박사 팀 머피Tim Murphy는 이렇게 조언합니다. "화가 나면 '나 화났어.'라고 말하라. 많은 사람이 화를 숨기고 수동 공격적으로 행동하기 때문에 비참한 삶을 살아간다." 참는 것이 능사가 아닙니다. 그렇다고 느낀 그대로 표현해야만 하는 것도 아니지요. 그러면 어떻게 해야 할까요?

무엇보다 정확하게 느끼는 것이 중요합니다. 자신의 감정을 정확히 알아차리면 감정에 압도당하지 않고, 자신을 진정시키고, 본래 감정이 말하고자 하는 의도를 들을 수 있습니다. 그 시작이 바로 감정 느끼기 연습입니다. 만약 굳어 버린 감정을 세밀하게 알아차리기 쉽지 않다면 신체의 반응에 먼저 관심을 기울여 보세요.

감정은 대개 신체의 변화를 동반합니다. 화가 날 때 얼굴이 화끈거리면서 심장이 급격하게 빨라지는 증상, 초조하거나 불안할 때 느껴지는 손끝의 저림이나 가슴의 조임, 답답함과 염려의 감정과 함께 몰려오는 두통, 설렘과 동반되는 얼굴의 열기와 손에 맺히는 땀과 같은 신호들을 관찰하세요.

그리고 그것이 어떤 감정인지 이름을 붙여 보며 확인하세요. 감정은 꼭꼭 숨어 있거나, 다른 색의 옷을 입고 위장하기도 하지만, 다행히 우리의 몸은 감정보다 더 정직합니다. 이런 연습이 자연스러워지면 당신도 감정을 신뢰할 수 있게 됩니다.

감정의
3가지 종류

앞서 감정이 하는 말을 정확하게 들으려면 그 정체를 알아차리고 이름을 붙여 줘야 한다고 배웠습니다. 그렇다면 느낀 대로 곧장 표현하면 되는 걸까요? '나는 그냥 느낀 그대로 표현한 거야.'라고 말하는 사람은 무엇을 놓치고 있는 것일까요?

자영업을 하는 민아 씨는 매우 열정적인 사람입니다. 하는 일도 많고, 만나는 사람도 많고, 하고 싶은 것도 많다고 했습니다. 이렇게 뜨거운 그녀에게는 화낼 일도 많이 생긴다고 했습니다.

"최근에 가장 화가 났던 사건은 무엇인가요?"

"믿고 일을 맡긴 직원이 그만둔 거요. 내가 자기한테 어떻게 했는데……. 어떻게 나한테 그럴 수가 있는지 모르겠어요."

"그때 기분이 어떠셨어요?"

"성질나지요. 생각해 보세요. 믿는 도끼에 발등 찍힌 느낌 아니겠어요?"

"그 느낌을 생각나는 대로 표현해 보시겠어요?"

"음…… 화가 나지요!"

"화 말고 다른 감정은요?"

"짜증도 나고……, 말로 다 하기 어려운데요."

감정을 말로 표현하는 것에 서툴러서 상대에게 화나 짜증을 내고 마는 민아 씨와 같은 사람이 많습니다. 민아 씨는 정연 씨와는 반대로 감정을 있는 그대로 직설적으로 표현합니다. 화가 나면 화를 내고, 짜증이 나면 짜증을 내지요. 그녀는 자신을 '감정에 솔직한 사람'이라고 말했습니다. 이런 식의 분출도 자신과의 건강한 연결이라고 볼 수 있을까요?

'화'라는 단순한 표현 안에
다양한 감정이 숨어 있다

감정은 크게 3가지 개념으로 생각해 볼 수 있습니다. 우리에게 필요한 정보가 담겼고, 어떤 대상에 대해 가장 먼저 느껴지는 일차적 정서(Primary emotion), 일차적 정서 이후에 그것을 숨기거나 다른 것으로 대체하기 위해 만들어진 이차적 정서(Secondary emotion), 사회적인 관계에서 보다 바람직하다고 생각되는 방식으로 연출하는 도구적 정서(Instrumental emotion)가 그것입니다.

우리의 목표는 일부러 감정을 피하거나 '척'하는 이차적 정서는 지양하고, 일차적 정서가 무엇인지 알고, 동시에 도구적 정서를 적절하게 사용하는 것입니다. 민아 씨의 '화' 안에도 다양한 감정이 숨어 있을지 모릅니다.

"그만둔 직원에게 화가 난다고 했는데요. 어떤 기대가 무너져서 화가 난 건가요?"

"그 친구한테는 특별히 신경 써서 잘해 줬거든요. 그런데 그것도 몰라주고 갑자기 그만뒀으니까요."

"아꼈는데, 서운했겠어요."

"서운하지요. 게다가 또 직원을 구해야 하잖아요."

"걱정되셨겠네요."

"그럼요. 요즘 사람 구하기가 쉽지 않거든요."

내가 주로 사용하는
이차적 정서는 무엇일까

직원에게 화를 내고 말았지만, 민아 씨에게 숨어 있는 다른 감정은 서운함일 수도 있습니다. 마음을 주었는데 상대가 알아주지 않았을 때 느끼는 감정, 가장 먼저 솔직하게 느껴지는 감정, 이것이 바로 일차적 정서입니다. 만일 서운한 감정이 느껴지는 것이 어색하고 불편해서 화로 치환해 버렸다면. 이것은 이차적 정서가 됩니다. 민아 씨는 서운함이라는 감정을 알아차리지 못했습니다. 어쩌면 서운하다고 느끼거나 말해 버리면 자존심이 상하니 그걸 인정하기 싫어서 그 감정을 서둘러 화로 바꾼 걸지도 모릅니다. 이렇듯 자세히 들여다보지 않으면 '화'를 대표 감정으로 오해하기 쉽습니다.

"그래도 화를 내고 나면 속은 시원해요. 저는 뒤끝은 없거든요."

진짜 감정은 서운함인데 그것을 숨기고 화로 해소해 버리면, 밖으로는 뒤끝이 없는 것처럼 보일지 모르지만, 마음에는 뒤끝이 남습니다. 그 서운함은 해소될 때까지 주인이 알아봐 줄 때까지 계속 쌓이고 쌓이며 기다리지요.

만약 민아 씨가 '화'보다 일차적 정서인 '서운함'을 더 빨리 알아챘더라면 어땠을까요? 어쩌면 화를 내는 대신 자신이 직원을 얼마나 생각하고 아꼈는지 말해 줄 수 있었을지도 모릅니다. 일하는 동안 어떤 점이 힘들었는지 묻고 같은 문제가 반복되지 않도록 방법을 찾아볼 수도 있었겠지요.

일차적 정서에 집중하면 그것이 전하는 메시지를 충족시킬 수 있는 바람직한 행동을 하는 데 도움이 됩니다. 하지만 민아 씨처럼 감정을 한 가지로 뭉뚱그리면 진짜 나의 욕구와 만날 아까운 기회를 흘려보내게 됩니다. 나 자신에게 질문해 보세요.

'내가 주로 사용하는 이차적 정서는 무엇일까?'

서른이 지나도 아직 나를 모른다

내가
내 감정을 모르면

자신의 감정에 확신이 없는 사람은 어릴 적부터 부모나 양육자에게 감정을 존중받지 못했을 가능성이 높습니다. 주변의 아이들을 생각해 보세요. 아이들은 자신의 감정을 잘 모릅니다. 친구와 싸워서 속상해도 씩씩거리며 화를 내고, 엄마가 자신의 마음을 알아주지 않을 때도 엉엉 울면서 화를 냅니다. 그 순간 혼란스러운 감정을 부모가 어떻게 대했는지에 따라 아이가 자신의 감정을 대하는 방식이 달라집니다.

A "친구와 싸워서 속상하구나. 지금 마음이 안 좋은 건 친구와 잘
　　지내고 싶은데 그렇지 못해서 그런 거야."

B "너는 네가 잘못해 놓고 왜 화를 내니? 뚝 못 그쳐? 계속 울면
　　혼날 줄 알아!"

　심장이 뛰고 얼굴이 빨개지면서 자꾸만 눈물이 나오는 이
증상이 친구와 잘 지내고 싶은 마음 때문에 속상해진 것이라
는 해설을 들은 아이들은 '속상함', '서운함'을 학습합니다. 그
후에 같은 일이 반복되었을 때도 화를 내기보다는 '아, 나 지
금 속상하구나. 어떻게 하면 친구랑 잘 지낼 수 있지?'라고
자신의 감정을 신뢰하고 도움이 되는 행동으로 빨리 전환할
수 있지요.

　그러나 보호자로부터 감정을 해석받지 못한 아이들은 서
운함, 속상함이라는 감정이 무엇인지 학습하지 못하고, 그저
화를 내면 안 된다고 학습합니다. 이후에 같은 상황이 벌어져
도 이것이 어떤 감정인지 확신하지 못해 또 화를 내거나 참
아서 병을 만들지요.

　　　　　　　　　　　　　　　　서른이 지나도 아직 나를 모른다

잠시 멈추는 연습이 필요합니다

아이들은 아직 감정이 분화되지 않은 상태입니다. 부모는 감정의 미묘함을 구분하지 못하는 아이에게 그 감정의 정체가 무엇인지, 어떤 의미인지, 앞으로 어떤 행동을 해야 도움이 되는지 안내해 줘야 합니다.

그런데 아이들만 감정이 분화되지 않았을까요? 성인들도 자신의 감정에 이름을 붙이거나, 그것이 의미하는 바를 잘 알아차리지 못할 수 있습니다. 만일 당신이 며칠 동안 고민해서 연인에게 줄 선물을 준비했다고 생각해 보세요. 깜짝 놀라며 행복해하는 모습을 상상한 당신에게 다음과 같은 반응이 돌아왔습니다.

"자기야, 나 이거 안 좋아하잖아. 그걸 아직도 몰라?"

이럴 때 당신은 어떻게 반응할까요? "기껏 준비했더니 돌아오는 반응이 겨우 이거야?"라고 화를 낼지도 모릅니다. 아니면 "그래? 미안해……."라며 감정을 숨겨 버릴 수도 있지요. 이것은 자신의 감정이 무엇인지 몰라서 화를 내는, 혼날

까 봐 진짜 감정을 숨겨 버리는 아이와 크게 다르지 않습니다. 사실 당신은 서운했고 속상했습니다. 자신의 감정을 존중하고 확신을 가진다면 "내 진심이 전달되지 못한 것 같아 속상하네.", "며칠 동안 고민해서 준비했는데, 서운해."라고 진짜 마음을 전할 수 있을 겁니다.

여전히 감정을 하나의 정보로 다루는 일이 편하지만은 않을 겁니다. 말하는 사람도 '굳이 이걸 말해야 해?'라고 생각할 수 있고, 듣는 사람도 '왜 나한테 이런 감정을 드러내는 거야?'라고 생각하게 될지도 모릅니다. 하지만 분명한 것은 우리가 아주 오랫동안 감정이라는 소중한 데이터를 무시했기 때문에 나 자신과 단절되고 사람들의 관계에서 고립되어 왔다는 것입니다.

감정의 억압은 단절을 만들어 냅니다. 어색하겠지만 노력해야 해요. 감정이 하려는 말을 무시하지 않도록 감정이 알려주는 것들을 회피하지 않는 일에 조금씩 익숙해져야 해요. 나 자신의 목소리를 듣는 삶을 살고 싶다면 다음 질문을 자신에게 던지며 반복해서 연습해 보세요.

'지금 이것이 어떤 감정일까?'

'이것이 내게 말해 주는 건 무엇일까?'

'이 감정을 위해 할 수 있는 가장 좋은 방법은 무엇일까?'

앞으로 우리는 이 질문들을 '잠시 멈춤 질문'이라고 부르 겠습니다. 흘러가 버리는 감정에 "잠시 멈춰!"라고 외치고 그 정체를 파악하는 과정이에요. 당신도 알고 있듯이, 나를 만나 기 위해서는 잠시 멈추어 귀 기울이는 정성과 시간이 필요하 니까요.

감정을 알면
달라지는 소통법

감정을 예민하게 알아채고 그것을 적절하게 밖으로 표현하면 소통이 어떻게 달라질까요?

강의할 때 가장 힘든 유형을 꼽자면 '아예 참여하지 않는 학습자'입니다. 장난스러운 질문을 하고 공격하는 사람은 그 마음만 잘 알아주면 오히려 협력자로 변하곤 하지요. 이전에 100여 명의 사람들과 토론식 강의를 진행한 적이 있습니다. 저 혼자 열 개가 넘는 조를 통제하고 지원하는 일이 만만치 않았습니다. 조원들끼리 이야기를 나누며 서로의 강점을 찾

서른이 지나도 아직 나를 모른다

아보는 시간이었는데, 유독 한 조만 주제에 맞지 않는 이야기를 하고 골프 이야기로 시간을 보내고 있었습니다. 특히 그중한 명이 '이런 거 해서 뭘 해!' 하는 분위기를 조성해 조원 전체가 영향을 받고 있었지요.

그 조를 집중시키기 위해 몇 가지 노력을 해 봤습니다. 웃으면서 함께 해 달라고 부탁도 하고, 조금만 더 힘내라고 응원도 해 봤지만 통하지 않았지요. 그러자 제 안에서 다양한목소리가 들리기 시작했습니다.

'지금, 나를 무시하는 건가? 그렇게 말했으면 하는 척이라도 해야지!'

'그냥 무시하자. 어차피 이 많은 인원을 완벽하게 통제할수는 없어.'

'담당자한테 말해 볼까?'

자꾸 떠오르는 생각에 끌려가던 중에 잠시 제 마음을 알아차리는 데 주의를 두었습니다. 경험에 의하면 이렇게 통제감을 잃어버릴 때 가장 좋은 방법은 외부의 자극에서 시선을 거두고 자신의 마음에 닻을 내리는 것이었거든요. 짧은 순간 제 안에서 떠오른 다양한 감정을 헤아려 보기로 했습니다. '이 복잡하고 불편한 감정은 무엇일까?' 하면서 '잠시 멈춤' 질문을 던져 보았습니다.

'지금 이것이 어떤 감정이지?'
'그것은 내게 무엇을 말해 주지?'
'이 감정을 충족하기 위해 할 수 있는 가장 좋은 방법은 무엇이지?'

화와 짜증으로 보이던 감정의 보따리 안에는 역시 수많은 감정이 자리하고 있었습니다. '내 강의가 도움이 되지 않나?' 하는 불안함, 권위가 통하지 않는다는 불쾌함, '잘하고 있는 다른 사람들까지 영향을 받을까.' 하는 염려, 소중한 시간을 의미 있게 보내지 못하는 것에 대한 안타까움, 분위기를 흐리는 직원에 대한 원망 등 다양한 감정이 뒤엉켜 있었습니다.

그중에서도 가장 강하게 느낀 감정은 '불안'임을 발견했습니다. 다시 그 조를 찾아가서 말했습니다.

"제가 이 조를 보면 자꾸 불안해지는데, 그 이유가 뭘까요?"

멋쩍은 듯 서로를 보다가 그중 한 분이 대답했습니다.

"저희도 강사님이 자꾸 오시니까 불안하네요. 하하하."
"그렇죠? 그럼 우리 어떻게 하면 서로의 불안을 해결할 수
있을까요?"

서로의 감정에 대한 대화가 끝나자, 그들은 무슨 말인지 알
았다는 듯 고개를 끄덕이며 골프 이야기를 그만두었습니다.
그리고 강의가 끝날 때까지 누구보다 열심히 참여했습니다.
심지어 저를 고역스럽게 만들었던 한 분은 강의가 끝나자 일
어나서 기립박수까지 치더라고요. 미안한 마음이 강단까지
고스란히 전달되었습니다.

만약 그때 제가 내 안에 미묘한 감정들을 살피려 하지 않
고, '화가 난다.'라고만 생각했다면 어땠을까요? 저를 난감하
게 했던 사람에게 단단히 경고하고 돌아섰어도 '그냥 좀 참
을걸, 더 좋은 방법을 찾았어야 해!' 하며 후회했을 겁니다.
그렇다고 못 본 척했더라도 '내가 그때 정확히 말해야 했어!'
하며 미련이 남았을 겁니다. 다행스럽게도 순간적인 감정을
알아차린 덕분에 진짜 원하는 것이 무엇인지 알아내고, 타인

에게 상처 주지 않으면서도 목적과 상황에 맞는 대화를 할 수 있었던 것이지요.

이처럼 감정을 표현하는 것이 결국 소통의 길을 만든다는 것을 강조하면, 간혹 이런 질문을 하는 분들이 있습니다.

"감정을 표현했는데 상대가 기분 나빠할 때는 어떻게 해야 하나요?"

자신은 서운하다고 표현했는데 상대가 "그래서 어쩌라고?", "지금 내 잘못이라는 거야?"라는 식으로 받아들이니 감정을 꺼내지 못하겠다는 말입니다. 그런 질문을 받으면 저는 한 가지를 먼저 확인합니다.

"어떤 표정과 뉘앙스로 감정이 전달되었다고 생각하세요?"

내 감정을 드러내는 일은 매우 유용합니다. 그러나 전달의 과정에서 오염될 때가 많습니다. 왜냐하면 서로 소화할 수 있는 정도의 감정이 오가는 것이 아니라 한꺼번에 너무 과한 감정이 부담스러운 방식으로 전달되기 때문입니다. 예를 들

서른이 지나도 아직 나를 모른다

어 "네가 그렇게 말하니 내가 속상해!"라고 말한다고 생각해 보세요. 이때 만약 목소리를 높이고 화내는 듯한 표정을 짓 거나 원망하는 듯한 태도를 보인다면 듣는 입장에서는 '속상 해!'라는 감정을 받아들이기 어렵습니다. 자신을 비난하고 탓 한다고 느낄 확률이 높아지지요.

본래 의사소통은 말보다 비언어적 메시지에 큰 영향을 받 습니다. 상대방이 보내는 눈빛, 목소리 톤, 얼굴 근육 정도를 먼저 받아들이지요. 만약 내가 전달한 비언어적 메시지가 속 상하다는 감정과 어울리지 않았거나, 화 또는 짜증에 더 가까 웠다면 상대는 '속상함'이라는 감정을 부정적으로만 해석할 겁니다. 속상한데 웃기만 하거나, 걱정되는데 소리만 지르면 상대가 공감할 수 없습니다. 감정은 다른 사람도 알아들을 수 있는 방식으로 표현되어야 해요. 언어와 비언어적 표현을 일 치하는 연습이 필요합니다.

물론 보다 근본적인 해결책도 있습니다. 감정을 지금보다 더 가볍고 유연하게 다룰 수 있도록 훈련하는 겁니다. 마음먹 고 감정을 드러내려고 하면, 작정하고 단번에 해결하려고 들 면 감정이 무거워질 수밖에 없으니까요. 평소에 감정을 쌓아 두지 말고 별것 아닌 정도일 때 소소하게 나누는 것이 중요합니다.

서울대학교 보건대학교 연구팀에 따르면 한국인의 절반이 장기적인 울분 상태인 것으로 나타났다고 합니다(〈여전히 성난 한국인⋯⋯ 국민 절반은 울분 상태, 삼십 대 특히 심각〉, 한국일보, 2024. 08. 27.). 그중에서도 삼십 대가 13.9퍼센트로 가장 울분을 크게 느끼는 것으로 조사되었고요. 연구팀은 울분이라는 감정을 부당하고 모욕적이며 신념에 어긋나는 스트레스 경험에 대한 감정적 반응이라고 설명합니다. 이어 정서적 돌봄이 적극적으로 필요한 세대라는 설명을 덧붙이고 있죠.

서른에는 감정적인 압박이 클 수밖에 없습니다. 청춘과 중년, 각 세대의 고충도 덜하다고 말할 수는 없지만, 정체성이 불분명한 '긴 세대'만이 경험하는 감정들이 있으니까요. 그러나 서른은 그것을 제대로 해소할 만한 시간도 없고, 대처 방법도 잘 알지 못하지요. 그래서 꾹꾹 참거나, 한꺼번에 방출해 주변을 상처입히기도 합니다.

연구에서는 한국인이 유독 울분이라는 감정에 취약하다는 지적에 스트레스 대처방안이 부족하다는 설명이 뒤따릅니다.

서른이 지나도 아직 나를 모른다

감정에 경직되어 있고, 불편한 감정을 어떻게 처리해야 할지 모른다는 뜻입니다.

스트레스 대처에는 다양한 방법이 존재합니다. 운동을 하고, 건강한 관계를 살리고, 명상을 늘리고, 취미를 가꾸는 효과적인 대안이 있지요. 더불어 감정을 되살리는 일 역시 주요한 해법이 될 수 있습니다. 지금보다 더 감정을 느끼고, 표현하고, 순환시키면서 쌓이지 않도록 해야 합니다.

감정 계발을 시작하고 싶은 사람들에게 감정 단어 넓히기, 감정일기 작성을 권하고 싶습니다. 앞서 살펴보았듯이 일상에서 감정 단어를 폭넓게 활용해 봐야 합니다. 나만의 감정단어 시트나 감정 카드를 보면서 지금 이 순간 느낀 진짜 감정들을 다양하게 찾아보세요. 슬픔과 기대감은 함께 찾아올 수 있습니다. 지금 내 감정은 화가 아니라 불안함과 조급함, 두려움일 수 있어요. 이것을 구별해 내려면 감정 단어를 더 많이 익혀야 합니다.

또 감정적으로 자극이 컸던 일에 대해서는 '사건-그때 발견한 감정들-반응의 결과와 의미' 정도로 간략하게 일기 형식으로 작성해 보면 좋습니다. 언제나 기록은 나를 관찰하기 위한 유용한 도구가 되니까요.

좀 귀찮을 수도 있겠지만, 평소 내 감정이 무엇인지조차 모르는 사람, 표현하고 싶어도 시작을 어떻게 해야 할지 몰라 어려운 사람, 감정이 과하거나 자꾸 다른 것으로 대체해서 사용하는 사람에게는 꽤 도움이 될 겁니다. 감정을 배제한 삶과 동반한 삶이 어떻게 다른지 당신도 꼭 경험해 보기를 바랍니다.

SUMMARY

✦ **감정**은 우리에게 필요한 것과 해야 할 것의 우선순위를 알려 주는 역할을 합니다.

✦ 희망, 기쁨처럼 긍정적인 감정뿐만 아니라 부정적인 감정도 나름 역할이 있습니다. 감정은 긍정적이든 부정적이든 계속해서 자신에게 필요한 정보를 알려 주고, 나를 움직여 세상과 연결시킵니다.

✦ 감정이 무엇인지 잘 알아차릴 때 자신을 비롯하여 타인과도 잘 연결될 수 있습니다. 이차적 감정의 이면에 있는 일차적 감정이 무엇인지 나 자신에게 물어보세요.

✦ 자신의 감정을 무시하지 말고 잠시 멈춤 질문을 통해 정체를 파악하는 연습을 해 보세요. 일차적 감정에 집중하고 그것이 주는 메시지를 바람직한 행동으로 표출해 보는 겁니다.

워크시트
: 감정

감정은 삶의 신호입니다.
이럴 때 살펴보면 도움이 됩니다.

✦ 나를 위로하고 싶을 때

✦ 마음을 정리하고 싶을 때

✦ 속마음과 다르게 행동하고 후회하게 될 때

감정의 레퍼토리

이번 한 주 당신에게는 어떤 일이 있었나요? 일주일을 지나며 기억에 남는 일은 무엇인가요? 그중 한 가지를 선택해서 상황을 자세히 묘사해 보세요. 누구와 있었고, 어떤 일이 있었으며, 왜 가장 기억에 남는지도요.

_____

_____

_____

_____

_____

_____

그때 당신은 어떤 감정(기분)이었나요? 최대한 다양한 단어로 그때의 감정을 표현해 보세요.

그리고 만약 그 자리에 다른 사람이 있었다면, 그 사람은 어떤 감정(기분)을 느꼈을까요? 역시 최대한 다양한 단어로 표현해 보세요.

_____

_____

_____

당신은 얼마나 많은 감정의 레퍼토리를 가지고 있나요?

당신은 평소에 얼마나 다양한 감정을 느끼고 표현하나요?

감정에 이름표 붙이기

당신은 주로 어떤 감정을 느끼며 사나요? '짜증 나!', '화가 나!', '걱정돼.', '기분이 좋아!' 말고 더 다양한 표현이 있나요? 감정이란 워낙 갑작스레 찾아오는 손님이기도 하고, 실시간으로 그 모습이 변하기까지 합니다. 그래서 세밀하게 포착하지 않으면 그것을 알아차리기가 쉽지 않습니다.

게다가 감정이란 진짜 속마음과 다른 옷을 입기도 합니다. 두려워서 화를 내거나, 불안해서 짜증을 내는 것처럼 진짜 감정을 감추기도 하지요. 그래서 진짜 내 감정을 만나려면 감정 이름과 친해질 필요가 있습니다.

이제부터 다양한 감정 이름을 소개하려고 합니다. 기억하세요. 당신의 감정에 이름을 붙이는 작업은 매우 중요합니다. 이름표가 붙는 순간 감정도 정체성이 생기고 제 역할을 하게 됩니다. 다양한 감정 단어를 익히고 매 순간 느끼는 감정에 집중해서 이름을 불러 보세요.

놀람

기막힌 | 아찔한 | 어안이 벙벙한 | 움찔하는 | 충격적인 |
하늘이 무너지는 | 할 말을 잃은 | 황당한 | 경악을 금치 못하는 |
덜컥하는

분노

화난 | 괘씸한 | 분한 | 신경질 나는 | 울화가 치미는 | 짜증 나는 |
끓어오르는 | 약 오르는 | 격양된 | 뚜껑이 열리는

두려움·걱정

겁나는 | 긴장된 | 막막한 | 무서운 | 부담스러운 | 심란한 |
암담한 | 전전긍긍하는 | 혼란스러운 | 찝찝한 | 안쓰러운

슬픔·절망

낙심한 | 무기력한 | 미어지는 | 상심한 | 서글픈 | 실망스러운 |
안타까운 | 서러운 | 후회스러운 | 애석한

외로움·단절

고독한 | 공허한 | 서운한 | 쓸쓸한 | 허탈한 | 고립된 | 야속한 |

원망스러운 | 처량한 | 답답한

고통·아픔

괴로운 | 불행한 | 비참한 | 억울한 | 원통스러운 | 절망적인 |
한스러운 | 참담한 | 속상한 | 아리는

당황·수치

겸연쩍은 | 곤혹스러운 | 난감한 | 당황스러운 | 멋쩍은 |
부끄러운 | 민망한 | 죄스러운 | 창피한 | 처참한

불안

미심쩍은 | 망설이는 | 불편한 | 불안정한 | 조급한 | 조심스러운 |
초조한 | 주저하는 | 위태위태한 | 조마조마한

혐오·경멸

기분 상하는 | 구역질 나는 | 나쁜 | 증오스러운 | 천박한 |
질색인 | 모욕적인 | 못마땅한 | 불쾌한

흥분

설레는 | 들뜬 | 가슴 벅찬 | 고양된 | 짜릿한 | 두근거리는 |
궁금한 | 뛸 듯이 기쁜 | 신이 나는 | 열정적인

즐거움·유쾌함

반가운 | 흥겨운 | 날아갈 듯한 | 통쾌한 | 신나는 | 재미있는 |
홀가분한 | 명랑한 | 활기찬 | 후련한

행복·만족

당당한 | 든든한 | 만족스러운 | 보람 있는 | 뿌듯한 | 충만한 |
확고한 | 흐뭇한 | 마음에 드는 | 긍지를 느끼는

편안함·평안

고요한 | 느긋한 | 담담한 | 안락한 | 이완된 | 잔잔한 | 진정된 |
차분한 | 침착한 | 안정된 | 안심되는

감동

뭉클한 | 감격스러운 | 고마운 | 경이로운 | 감탄스러운 |
가슴 찡한 | 눈물겨운 | 벅찬 | 황홀한 | 신기한

사랑

다정한 | 애틋한 | 열렬한 | 열망하는 | 묘한 | 화끈거리는 |

끌리는 | 감미로운 | 그리운 | 따뜻한

희망·기대

가슴 벅찬 | 상큼한 | 상쾌한 | 고무적인 | 소망하는 | 간절한 |

갈망하는 | 애끓는 | 절박한

감정 일기 쓰기

⌣

어릴 때 쓰던 일기를 기억하나요? 그날 하루를 돌아보며 좋았던 일, 힘들었던 일, 소중한 사람과의 추억을 기록했지요. 감정 일기도 마찬가지입니다. 오늘 당신에게 있던 사건 한 가지를 떠올려, 그때 느낀 다양한 감정에 집중해 보세요. 특히 감정에 이름을 붙이는 데 노력해 봅시다. 감정은 벼락같이 와서 순식간에 사라지는 것 같지만, 감정 일기를 기록하다 보면 감정이 구별되고, 다음에는 더 정확히 나의 감정을 인식할 수 있습니다. 다음의 감정 일기를 참고하여 상황-감정-대응의 방식으로 작성해 보세요.

정연 씨의 감정 일기

상황　후배가 커피를 타서 내 자리로 찾아왔다. 혼자서 준비하던 과제에 문제가 생겨 도움을 구하러 왔다고 했다.

감정 '당황스러웠다'. 내가 해야 할 일도 이미 충분히 많았기 때문이다. 한편으로는 어떻게 거절할지에 대한 '걱정스러움', 후배에 대한 '안쓰러움'도 느꼈다.

대응 그래서 나는 우선 후배가 작업해야 할 방향에 대해서 조언한 뒤, 내게 있는 급한 일을 마무리하고 나서 같이 작업하자고 제안했다. 그렇게 말하고 나니 안심이 되고 편안해졌다.

상황

_____

_____

_____

감정

_____

_____

_____

대응

여러분에게도 감정 일기장을 만들어 보기를 추천합니다. 그리고 한 달, 두 달 시간이 지났을 때 맨 첫 장부터 펼쳐 보세요. 자신의 감정이 얼마나 다양해지고 깊어지는지 확인할 수 있을 겁니다. 무채색 감정이 무지갯빛이 되어 가는 경험을 할 수 있기를 바랍니다

잠시 멈춤 질문

감정이란 대상과 상황에 대해서 마음이 보내는 신호입니다. 그 신호가 부정적이든 긍정적이든 당신에게 무언가를 말해 주고 싶어 하지요. 감정이 하고 싶은 말이 무엇인지 귀 기울여 듣고 해석해 줘야, 필요 이상으로 당신에게 머물거나 변질되지 않아요.

감정을 알아차리는 연습을 해 보세요. 바쁘게 살아가는 일상에서 감정을 알아차리려면 "잠깐!" 하고 외칠 줄 알아야 합니다. 그러고는 아래의 '잠시 멈춤 질문'을 던져 보세요.

1단계 지금 내가 느끼는 감정은 무엇일까?

예) 속상함, 화남, 서글픔

2단계 이 감정이 내게 무얼 말해 줄까?

예) 혼자서 생각하니 부정적인 감정이 더 커지고 힘들어진다.

3단계 이 감정을 위해 할 가장 좋은 일은 무엇일까?

예) 혼자 추측하기보다는 친구와 직접 만나 대화해 봐야겠다.

서른이 지나도 아직 나를 모른다

6장

자신감이 떨어질 때,
강점

높은 기대치,
낮은 자존감

대기업 인사팀에서 일하는 별이 씨는 주변 사람들이 모두 부러워하는 사람이었습니다. 능력을 인정받아 비교적 빨리 승진했고, 팀원들 사이에서 평판도 좋았습니다. 게다가 외모까지 출중한 사람이었지요. 그런 그녀가 가장 먼저 꺼낸 말은 조금 의외였습니다.

"저는 저 자신이 마음에 들지 않아요."

"왜 그렇게 생각하세요?"

"저는 너무 평범해요. 이 자리까지는 별 탈 없었지만요."

별이 씨는 자신이 무난한 사람이지 특별한 사람은 아니라고 생각했습니다. 그래서 회사에서 연차가 쌓이고 직책이 높아질수록 자신이 없어진다고 했지요. 과연 후배들을 잘 이끌수 있을지, 좋은 선배가 될 수 있을지 스스로 의심했습니다.

"본인에게 높은 기대치를 가진 것처럼 느껴져요. 그런가요?"

"네, 그런 편이에요. 늘 실망하게 되지만요."

"마음이 힘들었겠군요. 그런데 그 기대치가 언제부터, 어떻게 만들어진 건가요?"

"그게 무슨 말씀이시죠?"

"무엇이 자신에게 높은 기대치를 갖게 하는지 궁금해서요."

"음…… 그런 생각은 안 해 봤어요. 그런데 어릴 때부터 그랬던 것 같아요. 저희 엄마는 칭찬을 잘 안 해 주셨거든요. 칭찬을 받으려면 무엇이든 눈에 띄게 잘해야 했지요."

"어머니의 기대가 높았군요."

"네, 저도 어느새 엄마를 닮아가나 봐요."

기대 수준이 높으면 자아존중감은 낮아진다

별이 씨는 어린 시절 어머니가 자신에게 가졌던 높은 기대치를 이어받았고, 그 기대 수준을 충족하지 못하면서 스스로 실망하기를 반복해 왔습니다. 그러는 사이에 자신을 있는 그대로 가치 있고 소중한 사람이라고 생각하는 힘인 '자아존중감'이 낮아진 상태였습니다. 능력이 월등하고 더 나은 환경에 살면서도 한없이 부족한 나로 살아가고 있었지요.

별이 씨에게 필요한 것은 자신이 얼마나 가치 있고 특별한 사람인지 깨닫는 것이었습니다. 현재 모습을 그대로 아끼고 사랑하는 방법, 이미 가진 자원들을 충분히 활용하는 방법을 연습할 필요가 있었습니다. 그래서 우리는 별이 씨의 강점을 찾아보기로 했습니다.

강점 찾기를 돕는 진단 도구에는 몇 가지가 있습니다. 우선 강점 진단 도구를 활용하여 가능성 있는 강점들을 확인했습니다. 이후에는 강점 카드를 가지고 본격적인 강점 탐색에 들어갔지요. 강점 카드는 사람들이 일반적으로 가지고 있을 만한 다양한 강점을 단어로 표현해 카드 형식으로 만든 도구입니다.

◎ 50가지 강점 진단 카드 ◎

감사	논리	봉사	유머	지원
경쟁	도전	분석	유연성	직관
계획	동기부여	사교성	의사소통	질서
공감	매력	사랑	자기통제	창의
공정	명령	설득	자기확신	책임
관계	목표지향	성실	자아성찰	추진
관찰	문제해결	성취	적응력	탐구
글쓰기	미래지향	신뢰	전략	판단
끈기	미적감각	신중	조정	학습
낙관	배려	열정	주도성	호기심

서른이 지나도 아직 나를 모른다

50개의 강점 단어가 각각 담긴 50장의 강점 카드를 테이블에 늘어놓았습니다. 반드시 강점 단어가 50개여야 하는 건 아니지만, 최대한 다양한 강점을 안내하고 경험하도록 돕고 싶었습니다.

강점 카드를 뽑는 과정은 앞서 〈2장. 매일 치열하지만, 방향을 잃었을 때, 가치〉에서 가치 카드를 선택한 것과 비슷합니다. 먼저, 50개의 강점 카드를 두 개의 그룹으로 분류합니다. 왼쪽에는 '내 강점이라고 생각되는 카드'를, 오른쪽에는 단번에 보아도 '이건 내 것이 아니다'라고 느껴지는 카드를 놓습니다. '이것이 나의 강점인지 아닌지 잘 모르겠다' 싶을 때는 강점의 특징을 떠올려 보도록 합니다. 강점이란 내가 잘하는 것이자 오래 사용해도 지치지 않는 활력을 준다는 것을 생각하는 것이지요. 그렇게 분류를 끝낸 후, 한 번 더 생각해 볼 수 있도록 별이 씨에게 질문을 던졌습니다.

"자, 이 카드 중에서 '내가 어떤 일을 해결할 때 주로 사용하고, 그것을 사용할 때는 보통 성과나 결과가 좋다.'라고 생각하는 강점 카드 2장을 선택하세요. 그리고 남은 카드 중에서 '이것을 사용하면 활력이 생기고 에너지가 높아져서 비교적 오래 할 수 있다.'라고 생각하는 강점 카드 2장을 선택해 보세요. 마지막으로 '이 강점과 관련해서 정보를 찾거나 더 깊이 공부해 보고 싶다.'라고 생각하는 강점 카드 2장을 고르세요.

나만의 6가지 강점 카드를 선택하는 방법

❶ 사용할 때 보통 성과나 결과가 좋다고 생각하는 강점 카드를 2장 고른다.

❷ 남은 카드 중에서 이것을 활용하면 활력이 생기고 에너지가 높아져서 비교적 오래할 수 있는 강점 카드를 2장 고른다.

❸ 이 강점과 관련해서 정보를 찾거나 더 깊이 공부해 보고 싶은 강점 카드를 2장 고른다.

자신의 강점을 모르는 사람들

별이 씨는 강점 카드를 쉽게 선택하지 못했습니다. 이런 단어를 듣거나 사용해 본 적이 없어서 잘 모르겠다며 신중하게 찾아낸 강점은 아래와 같았습니다.

배려	타인의 상황을 이해하고 보살피려는 노력
공감	타인의 감정, 생각을 함께 느끼는 능력
책임	스스로 하기로 한 일에 의무감을 갖고 완수하는 능력
학습	지식과 기술을 습득하는 과정에서 즐거움을 느끼는 능력
계획	체계적이고 꼼꼼하게 준비하는 능력
신중	자제력을 가지고 접근해 선택하는 능력

우리는 이와 같은 6가지 강점을 현재 어디서, 누구와, 어떻게 사용하고 있는지 이야기를 나누었습니다. 과거의 무용담을 이야기할 땐 뿌듯해하는 것 같았습니다. 역시 자신의 강점을 설명할 때 사람들의 얼굴에는 에너지가 돕니다. 한층 밝아진 그녀의 표정을 보고 조심스레 물었습니다.

"자신의 강점들을 살펴보니 어떤 생각이 드나요?"
"기분이 좋네요. 그런데…… 전부 평범한 것들 아닌가요?

그녀는 애써 찾은 자신의 강점이 별것 아닌 것일까 봐 염려했습니다. 어쩌면 지금 발견한 강점들이 특별하다는 걸 인정받고 싶은 마음이 있는 듯했습니다. 그녀에게 물었습니다.

"그렇다면 주변에 이런 조합을 가진 사람이 있나요?

"글쎄요……, 보지 못한 것 같은데요."

"만약 이런 사람이 있다면 어떤 사람이라고 느낄 것 같아요?"

"믿을 수 있는 사람이라고 생각했을 것 같아요."

"그럼, 이런 사람과 함께 일하게 된다면 어떤 모습일까요?"

"사람들의 마음을 헤아리고 신뢰감을 줄 것 같아요."

"저도 같은 생각이에요. 당신은 사람들의 마음을 헤아리는, 신뢰할 만한 동료이자 리더가 될 수 있어요."

"아, 그런가요. 제게 그런 강점이 있었네요……."

이후 별이 씨는 자신이 얼마나 괜찮은 사람인지 더 연구해 보고 싶다고 했습니다. 우선 '강점 노트'라고 이름 붙인 노트를 장만하고, 맨 앞장에 6개의 강점 단어를 작성해 두었습니다. 그리고 코칭 과제로 가까운 사람들에게 자신의 강점을 알리고, 그것에 대해 어떻게 느끼는지 솔직한 의견을 들어 보기로 했습니다. 또한 강점 노트에는 일상에서 자신이 찾은 강점들을 어떻게 발휘하고 있는지, 잘 사용되지 못하고 숨겨진 강점은 무엇인지, 어떻게 하면 그것을 더 꺼내어 쓸 수 있을지 그 내용이 빼곡하게 채워졌습니다.

별이 씨는 강점 노트가 너덜거릴 때까지 자신이 가진 보석을 찾고 닦느라 애썼습니다. 그것은 얼마나 그녀가 스스로에 대한 확신을 갖고 싶어 했는가를 보여 주는 것이었습니다. 코칭이 마무리될 무렵 별이 씨가 말했습니다.

"강점을 찾았다고 해서 인생이 갑자기 달라지지는 않았어요. 하지만 신기한 건 나 자신을 괜찮은 사람이라고 느끼기 시작했다는 거예요. 그렇게 나를 예뻐하기 시작하니까, 다른 사람들도 저를 긍정적으로 바라보는 것 같고요."

어쩌면 이런 별이 씨의 모습과 당신이 닮아 있을지도 모르겠습니다. 매일 남과 비교하며 나의 부족한 점을 찾아낸다는 점에서 말이에요. 왜 나는 누구처럼 잘나지 못했는지 아쉬워하면서 이미 가지고 있는 강점조차 못 미더워하고 있을 수 있겠지요.

누구나 그런 경험을 합니다. 주의를 둘러보면 잘난 사람이 너무나 많습니다. 나보다 예쁜 사람, 똑똑한 사람, 말 잘하는 사람, 사회성 좋은 사람이 넘쳐납니다. 그것이 사람들의 관심을 받고 돈도 되는 세상이에요. 그러나 그는 내가 될 수 없고, 나는 그가 될 수 없습니다. 우리는 다른 가능성과 기질을 가지고 태어났고 다른 방식으로 길러졌다는 것을 잊지 말아야 해요. 절대로 누군가처럼 되기 위해 이 찰나의 소중함을 낭비하지 말아야 합니다.

우리가 길러야 하는 것은 시기심과 모방이 아니라 내가 이미 가진 강점들에 주목하고 나다움을 키우는 일입니다. 강점은 인생의 소중한 자원이며 긍정적 자산이에요. 나는 별로 대단하지 않다고, 지나치게 평범한 사람이라고 생각한다면, 혹은 다른 사람과 무엇이 다른지 고민하고 있다면 내 강점을 더 이해할 필요가 있습니다. '자세히 보아야 예쁘다. 너도 그렇다.'라는 나태주 시인의 시구를 떠올려야 할 때입니다.

잘하는 것에 몰입하면
찾아오는 행복

기존의 심리학이 우울, 장애 등 부정적인 감정에 관심을 가졌다면, 인간의 긍정적인 영역에 관심을 두고 성장한 학문이 바로 긍정심리학(Positive psychology)입니다. 긍정심리학자들은 '인간을 행복하게 만드는 요인이 무엇이며 어떻게 계발할 수 있는가?', '성공한 사람들의 특징은 무엇인가?', '그들의 강점과 미덕은 무엇인가?' 등을 연구합니다. 웰빙(Wellbeing)에 대한 관심과 함께 긍정심리학이 삶의 영역에 들어오면서 강점에 대한 관심도 뜨거워지고 있지요.

강점은 최상의 성과, 최적의 기능을 하기 위해서 느끼고 생각하며 행동하는 역량입니다. 다시 말해 내가 가장 잘할 수 있는 인지, 행동, 정서적 능력을 뜻합니다. 긍정심리학에서는 가장 잘할 수 있는 것에 몰입하는 경험이 늘면 삶이 행복해진다고 봅니다. 이렇게 강점이 삶에 어떤 효과가 있는지 검증하는 작업은 지금도 이루어지고 있습니다. 그중 지금까지 검증된 강점의 3가지 효과는 이러합니다.

강점을 아는 사람은
실패해도 회복이 빠르다

첫째, 강점은 좋은 성과를 만듭니다. 강점은 재능과 지식, 기술의 조합이라고 합니다. 사람마다 특징적인 DNA가 있고, 그것을 얼마나 배우고 갈고닦느냐에 따라 강점으로 꽃피울 수 있을지 여부가 결정되지요.

마커스 버킹엄Marcus Buckingham과 도널드 클리프턴Donald O. Clifton이 쓴 《위대한 나의 발견 강점 혁명》에 따르면 어릴 때 폭발적으로 성장하던 우리 뇌의 시냅스는 16세쯤 되었을 때 이미 절반 이상 사용할 수 없는 상태가 된다고 합니다. 게다가 한 번 끊어진 시냅스는 재생할 수 없습니다. 결국 본래 자주 사용하고 쓸모 있던 시냅스들만 살아남아 제 기능을 발휘하게 됩니다. 결국 '강점을 발견한다.'라는 것은 뇌에 남은 시냅스를 조합해 훨씬 효과적인 행동을 하는 것을 의미합니다. 그리고 그 행동은 더 좋은 결과를 낼 가능성을 높입니다.

둘째, 강점은 과정도 즐겁게 합니다. 대개 목표를 위해 과정을 희생하는 경우가 많습니다. 지금 아무리 힘들어도 미래를 위해 참고 견디지요. 그러나 강점을 활용하면 과정도 즐거울 수 있습니다. 누구나 자신의 유능함을 확인하고 싶은 욕구가 있습니다. 강점을 사용하면 유능함을 느낄 수 있기 때문에 누가 시키지 않아도 자꾸만 사용하고 싶어집니다. 시간이 가는 줄 모르고 일에 집중하고 몰입하다 보면 어느새 그것은 일이 아닌 놀이가 되지요.

셋째, 실패해도 회복이 빠릅니다. 강점을 사용한다고 무조건 성공하는 건 아닙니다. 그러나 실패해도 강점을 인식하고 있는 사람은 더 빨리 회복합니다. 사회심리학 분야에 자기 확증 이론(Self affirmation theory)이라는 것이 있습니다. 이 이론에 의하면 사람들은 자신을 괜찮은 사람, 유능한 사람으로 인식하고 싶어 하는데, 위기의 상황에서 자신의 존재감, 가치를 재확인할 수 있으면 자존감을 지켜 낼 수 있지만, 그렇지 못하면 흔들릴 수 있다고 합니다.

그렇다면 위기에 처했을 때도 나 자신이 여전히 괜찮은 사람임을 확인시켜 주는 것은 무엇일까요? 바로 강점입니다. 강점은 당신의 가치를 확인시켜 주고 그 수렁에서 빠져나올 수 있도록 돕습니다. 강점이라는 재능을 확인하면서 살아가면 살면서 겪을 수 있는 다양한 심리적인 문제들을 해결할 수 있습니다.

상황에 따라 달라지는
강점 사용법

우리는 매일 변화와 마주합니다. 연애, 이별, 결혼, 출산, 육아, 이혼, 장례 등 인생의 사계절에서 만나는 변화뿐만 아니라 승진, 이직, 새로운 프로젝트, 신생사업부터 점심 식사 메뉴, 날씨 변화에 이르기까지 수많은 변화에 직면하지요. 이와 같은 삶의 다양한 변화와 강점은 서로 어떤 관계가 있을까요?

경진 씨는 얼마 전 팀장으로 승진했습니다. 탁월한 성과 덕분에 이번 분기의 유일한 승진 대상자가 되었지요. 계속해서 고속 승진의 길을 걸어온 경진 씨는 이번에도 의욕이 대단했습니다. 그러나 팀장 6개월 차가 되면서 문제가 생기기 시작했습니다. 밤 11시까지 일을 해도 일이 줄지 않았고, 팀원들의 의욕과 팀워크는 많이 떨어져 있었습니다. 경진 씨에게 질문을 던졌습니다.

"팀장이 되고 어떤 점이 가장 힘들었어요?"

"상사가 기대하는 성과를 내야 하니까 마음이 급해지더라고요. 그게 가장 힘들었어요. 제가 본래 굉장히 주도적인데요. 마음대로 잘 안 되니까 점점 자신이 없어지더라고요."

"팀장이 될 때 무엇에 가장 집중했나요?"

"글쎄요. 아무래도 성과겠죠. 새로운 사업을 시작하면서 매출을 높이려고 했어요."

"그렇다면 성과를 위해서 지금까지 어떤 노력을 하셨나요?"

"정말 열심히 일한 것 같아요. 특히 직원들 교육에 많이 신경 썼고요. 제가 바빠도 일일이 피드백해 주고, 실력을 향상시키기 위해서 노력했어요."

"그러한 노력은 어떤 효과가 있었나요?"

"팀원들은 별로인가 봐요. 저는 직원들 생각해서 없는 시간을 쪼개서 한 건데, 제 마음만큼 따라와 주지 않더라고요. 모두 제 능력 부족이겠지요. 이제는 제가 자격이 있는지도 잘 모르겠어요."

6개월 동안의 노력에도 별다른 성과를 얻지 못하자, 인정의 기쁨과 설렘이 불안과 무기력으로 바뀌어 가고 있었습니다. 최고의 플레이어가 많은 변화와 마주하면서 의문을 갖기 시작한 것이지요. '잘할 수 있을까?' '최선을 다하고 있는데 왜 안 될까?' '내가 문제가 아닐까?' 하는 막막함에 휩싸여 있었습니다.

이처럼 나름의 애를 써도 상황을 바꾸지 못할 때 사람들은 자신의 능력을 의심합니다. 혹은 본래부터 잘못된 것이라고 오해하기도 하고요. 이는 '사기꾼 증후군(가면 증후군)'과 닮아 있습니다. 사기꾼 증후군은 1978년 심리학자 폴린 클렌스 Pauline R. Clance와 수잔 아임스 Suzanne A. Imes가 처음 쓴 용어로, 새롭거나 커다란 도전에 직면했을 때 자신에게 능력이 있다는 수많은 근거가 있음에도 불구하고 성취를 의심하는 것을 말합니다.

지금까지의 결과는 스스로 이루어 낸 것이 아니기에 자격이 없다고 생각합니다. 언젠가 나의 무능력이 들통나서 사람들이 자신을 사기꾼으로 보지 않을까 염려하는 심리적 현상이지요. 원인으로는 실패에 대한 두려움, 완벽주의 등이 꼽히는데, 성취도가 높은 사람에게서도 자주 나타납니다.

사기꾼 증후군을 극복하는 방법은 우리는 누구나 불완전한 존재라는 것을 받아들이는 겁니다. 동시에 자신에게 진심 어린 응원을 보내며 자신의 강점, 그리고 지금까지 이루어 놓은 성취를 알아봐 줘야 해요. 또한 지금보다 자신을 확장하는 방법 찾아야 하고요. 이때 알아야 하는 것이 바로 강점의 진화 방식입니다.

강점은 늘 같은 형태로 발휘되지 않습니다. 자신이 처한 변화에 따라 다양한 형태로 업그레이드할 수 있거든요. 그 원리를 이해하는 사람은 위기에 처했을 때 자신만이 할 수 있는 방식으로 돌파구를 마련할 수 있습니다.

"최연소 팀장이라고 알고 있는데요. 어떤 능력을 인정받아서 팀장이 되었다고 생각하세요?"

"글쎄요. 제가 일 욕심이 많아서 목표를 높이 세우고, 그걸 책임지고 해내서가 아닐까요?"

"목표, 책임, 성취라는 강점이 있으시군요."

"그런 것 같아요."

"그렇다면 팀원에서 팀장이 되면서 이 강점들은 어떻게 진화되었나요?"

"진화라니요?"

"직급이 바뀌면 팀장님의 강점들도 형태가 바뀌어야 하니까요."

"그냥 더 열심히 한 것 같은데……, 그게 문제가 되나요?"

지나치게 사용하는 강점, 사용하지 못하는 강점

평소 경진 씨는 책임감, 성취, 목표 지향이라는 강점을 잘 활용하던 사람입니다. 덕분에 최연소 팀장이라는 자리까지 왔지요. 그래서 이번에도 팀장이라는 역할 변화에 적응하기 위해 자신의 강점에 도움을 받아 최선을 다했습니다. 그런데 문제는 더는 이전만큼 효과가 없다는 것이었습니다. 경진 씨가 강점 카드를 이용해 찾은 강점 6가지는 다음과 같았습니다.

책임감	스스로 하기로 한 일에 의무감을 갖고 완수하는 능력
성취	추친력을 가지고 더 많은 것을 해내는 능력
목표지향	방향을 정해 효율적으로 일하는 능력
열정	열렬한 애정을 가지고 열중하는 능력
의사소통	생각을 말로 표현하는 능력
낙관	잘될거라 믿고 성취하려 노력하는 능력

스스로 알고 있듯 경진 씨는 남들보다 높은 목표를 세우고 그것을 달성할 때까지 열의와 책임을 다하는 사람이었습니다. 그가 만들어 낸 눈부신 성과들이 이해됐습니다. 그리고 힘든 일이 있어도 '잘할 수 있다!', '결국 해내고 말 거야!'라는 낙관성, 자기 생각과 느낌을 타인과 진솔하게 나누고 대화로 영향력을 미치는 의사소통에 강점이 있었습니다. 경진 씨에게 3가지 질문을 던졌습니다.

Q. 첫 번째 질문
"6가지의 강점 중 현재 팀장으로서 지나치게 사용(Overdo)하는 강점은 무엇인가요?"

변화에 대처하기 위해 기존의 강점을 발휘했는데 오히려 역효과가 난다면 자신의 강점 중 지나치게 사용하는 것이 있는지 생각해 봐야 합니다. 다시 말해 지난날의 화려한 전성기를 꽃피워 줬던 강점을 역할과 상황이 변했는데도 지나치게 사용하고 있는 것은 아닌지 돌아보는 것입니다.

경진 씨는 '성취'와 '책임감'을 과용한다고 했습니다. 특히 매출 성과와 직원들을 육성하는 데 책임감을 많이 느낀다고 했지요. 그래서 더 많은 것을 직접 확인하고 챙기면서 모든 일에 개입하게 되고, 일하는 시간이 늘어나고, 직원들과의 충돌이 잦아졌다는 것을 발견했습니다.

Q. 두 번째 질문

"팀장으로서 사용하지 못하고 있는(Underdo) 강점은 무엇인가요?"

현재 가지고 있는 강점이지만 잘 발휘하지 못하는 영역은 무엇인지 물었습니다. 경진 씨는 '낙관'이라고 대답했습니다.

팀원일 때는 긍정적인 말과 행동을 보여 주어 주변 사람들에게 늘 "밝다, 자신감 있다, 믿음이 간다, 함께 일하고 싶다."라는 말을 들었는데 팀장이 된 후에는 불안과 걱정이 많아지면서 사람들이 자신을 불편해하는 것 같다고 했습니다. 마지막으로 물었습니다.

Q. 세 번째 질문

"그렇다면 지나치게 사용하는 강점과 사용하고 있지 못한 강점을 참고해 앞으로 변해야 할 것과 변하지 말아야 할 것을 찾는다면 무엇이 있을까요?"

강점이란 변화의 흐름에 맞춰 진화해야 합니다. 자신의 강점 중에서 변하지 않고 그대로 가지고 있어야 할 것과 그 형태를 바꾸어 발휘해야 할 것을 구분해야 하지요. 그래야 자신의 강점을 적절한 곳에 의도한 목표를 향하여 사용할 수 있습니다. 경진 씨는 자신의 강점에 대해 다음과 같이 정리했습니다.

변하지 말아야 할 것

자신에 대한 믿음

긍정적인 말과 행동

상대의 마음을 알아주는 소통

변해야 할 것

모든 일을 직접 책임지는 행동

혼자서 높은 성과를 세우고 팀원들을 몰아붙이는 행동

매출이 팀장의 실력으로만 달성된다는 생각

변해야 할 것, 변하지 말아야 할 것

자신의 강점을 정리한 경진 씨는 그 후 팀을 2개의 파트로 나누어 파트장을 두고, 그들에게 팀원들의 피드백과 소통을 담당하도록 했습니다. 모든 일에 팀장이 직접 관여하지 않고, 환경을 만들어 주고 결과에 책임지는 리더로서 해야 할 역할에만 집중했지요. 그러자 퇴근 시간이 빨라졌고 스트레스도 덜 받게 되었다고 했습니다.

또한 혼자 세운 높은 목표와 성과를 팀원들에게 일방적으로 요구하지 않고, 따라오지 못하는 팀원들을 탓하기보다 그들 스스로 성과 관리를 할 수 있도록 제도를 만들어 가고 있다고 했습니다. 뿐만 아니라 회의를 줄이고, 팀원들과의 티타임도 마련했다고 합니다. 그때만큼은 일 이야기보다 소통에 집중하기로 하면서요.

이러한 노력들은 조금씩 성과를 거두고 있습니다. 무엇보다도 경진 씨가 '그래, 나는 지금껏 잘해 왔어. 이번에도 나만의 방식으로 위기를 넘기고 해결책을 찾아낼 거야!'라는 자신감을 되찾은 것이 가장 큰 성과였습니다. 또다시 변화의 고비를 맞더라도 강점을 활용할 줄만 안다면 자신에 대한 신뢰를 잃지 않으면서도 문제해결을 위해 가장 자연스러운, 나만의 방법을 찾아낼 수 있을 테니까요.

강점의 진화를 위한 3가지 질문

당신이 지나치게 사용하는 강점은 무엇입니까?

당신의 사용하지 못하는 강점은 무엇입니까?

당신이 변해야 할 것과 변하지 말아야 할 것은 무엇입니까?

'왜 열심히 해도 달라지지 않는 걸까?'라는 생각이 들고 힘들다면, 지금까지 이루어 놓은 성과들이 의심되고 불안하다면, 내가 가진 강점부터 다시 생각해 보세요. 당신의 최정예 강점 6가지를 앞에 두고, 앞의 감정의 진화를 위한 3가지 질문에 답해 보는 겁니다. 크고 새로운 변화일수록 해야 할 일이 참 많지요. 하지만 무엇보다도 이미 가진 '나'라는 자원을 제대로 사용하는 것에서 시작하는 것을 잊어서는 안 되겠습니다.

○ ○ ○

충분히 아름답고 가치 있는,
당신의 강점

우리가 지금까지 살아 있는 것, 힘든 고비를 넘기면서 지금의 모습으로 존재할 수 있던 것은 결국 자신이 가진 강점들을 발휘하면서 살아왔음을 의미합니다. 그럼에도 불구하고 사람들은 여전히 자신의 강점에 대해 잘 설명하지 못합니다.

제가 "본인이 생각하는 자신의 강점은 무엇인가요?"라고 물으면 사람들은 우선 난감해합니다. 머리를 긁적이거나 자랑하는 것 같아 쑥스럽다고 말하죠. 게다가 몇 가지 질문을 더 하면서 사람들에게 얻어 낸 강점들은 하나같이 비슷합니다.

"책임감이요. 제가 맡은 일은 반드시 해냅니다.

"성실함이요. 잘나진 않았지만, 열심히 하니까요."

"인내심이요. 잘 참는 편이에요."

그리고 또 무엇이 있냐고 집요하게 물어봐도 보통 5가지를 넘지 못합니다. 더 중요한 것은 자신이 소개한 강점과 강점 진단이나 성공 경험을 통해 발견한 실제 강점이 다른 경우가 많다는 겁니다. 자신에게 맞는 옷 스타일과 사이즈를 잘못 알고 있던 거지요. 이처럼 우리는 자신의 강점에 대해 정말 모릅니다.

저는 강점 관련 강의를 할 때 '강점 인터뷰(Strength Interview)'라는 시간을 마련하곤 합니다. 인터뷰를 하듯이 지금까지 경험한 크고 작은 성공담을 묻고 답하는 방식으로 진행합니다. 그 과정을 통해 자신의 강점을 발견하고 타인의 인생 스토리에서 다른 강점들을 함께 배울 수 있습니다.

이때 효과적인 진행을 위해 몇 가지 질문을 제공합니다. 재밌는 점은 그 질문에 대한 반응 또한 비슷하다는 건데요. 그중 3가지 질문과 일반적인 답변을 소개할게요.

질문 스스로 인정할 만한 성공 경험은 무엇인가요?

일반적인 대답 저는 성공했다고 할 만한 게 없는데요.

아무리 사소해도 괜찮으니 '내가 스스로 생각해도 잘했다.'라고 생각하는 사건을 떠올리라고 설명하지만, '성공'이라는 단어가 부담스러워서인지, 다른 사람 앞에서 자랑하는 게 익숙하지 않아서인지 떠올리지 못하는 분이 많습니다.

소수지만 파란만장했던 취업기, 프로젝트를 성공시킨 무용담, 결혼과 출산의 경험, 우여곡절 많았던 다이어트 성공기 등 끊임없이 성공 스토리를 말하는 사람도 있습니다. 대단한 결과물이 아니어도 자신만의 만족감과 행복을 느끼고 표현할 줄 아는 거지요.

이쯤에서 당신에게도 질문하고 싶습니다. 당신 스스로 인정할 만한 성공 경험은 무엇인가요? 사람마다 성공, 성취에 대한 기준은 다릅니다. 세상과 타인이 인정하는 결과물에만 집착하기보다 자신의 스토리에 더 집중해 보세요. 분명 나와 내 삶에 다른 강점과 경험을 가져다줄 겁니다.

질문 누군가 칭찬하거나 잘했다고 인정해 준 경험은 무엇인가요?

일반적인 대답 칭찬받은 적이 없어서…….

최근 누군가에게 칭찬을 들은 적이 없다고, 상사도 부모도 친구도 자신의 강점을 말해 주는 사람이 없었다며 씁쓸한 표정을 짓는 경우가 대부분입니다. 고등학생을 대상으로 강점 워크숍을 진행한 적이 있습니다. 이날 모인 학생들은 소위 공부 잘하고 똑똑한, 전국 최상위권에 속했습니다. 그래서 강점 인터뷰에 어떤 반응을 보일지 내심 기대되더라고요.

하지만 이 아이들조차 자신의 강점에 대해 선뜻 말하지 못하고 어려워했습니다. 강점을 인정받은 경험이 거의 없다면서요. 주변에서 말해 준 강점이란 '착하다.', '똑똑하다.', '아이큐가 높다.', '성실하다.' 정도가 전부였다고 했습니다. 강점 인터뷰를 하는 동안 끝날 줄 모르고 신나 하며 자신의 강점을 소개하던 아이들의 모습이 아직도 눈에 선합니다.

우리는 타인의 강점을 얼마나 발견하고 인정하며 살아가고 있을까요? 누군가를 칭찬한다는 것은 "대단하다!"라고 감탄만 하는 것이 아니라 그 사람의 진가와 가능성을 알아보는 일입니다. 상대의 강점을 알아보고 격려해 주면 한 사람에게는 오랫동안 잊지 못할 선물이 됩니다.

질문 이번에 발견한 자신의 6가지 강점을 정리해 보세요. 어떤 느낌이 드나요?

일반적인 대답 아, 이 강점 싫어요. 다른 게 있었으면 좋겠는데.

강점을 발견하면 "나, 이렇게 괜찮은 사람이었어?"라고 반기기보다 자신의 강점에 불만족스러워하는 사람이 많습니다. 강점인 책임감 때문에 삶이 피곤했다고, 다른 사람들을 배려하느라 힘들었다고 하면서요. 그러면서 내가 갖지 못한 강점에 기웃거립니다. 파트너의 강점을 부러워하기도 하죠.

혹시 잘되고 있는 것보다 잘되고 있지 않은 것에 더 많은 에너지를 쓰고 있지는 않나요? 가진 자원보다는 가지지 못한 것에, 가능성보다는 부족한 점에 더 예민하게 반응하면서요. 그만큼 우리에게는 강점이 아직 낯선지도 모르겠습니다.

인간은 다른 이를 동경하면서도 남과 다르게 살기를 바랍니다. 다른 사람과 다른 나만의 삶의 방정식을 가지고 싶다면 내 강점에 주목하세요. 더 이상 늦추지 말고, 발휘할 때 결과가 좋아지고, 사용할 때 활력이 생기며, 이것과 관련해서 더 알아보고 공부해 보고 싶은 마음이 드는, 나만의 보석을 찾아 떠나기를 응원합니다.

강점을 잘 다루기 위한 연습

강점을 찾았다고 끝은 아닙니다. 다음으로 현재 자신의 상황, 즉 개인적으로 가진 목표와 과제를 해결하는 데 어떻게 활용할 수 있을지 고민해야 하지요. 강점을 적절하게 다루려면 마찬가지로 연습이 필요합니다. 이번에는 강점을 효과적으로 사용하기 위한 3가지 질문을 드릴게요. 여러분이 생각하는 자신의 강점을 두고 함께 생각해 보세요.

질문 1. 어떤 강점이 시너지를 발휘하나요?

자신의 강점을 책임감이라고 말하는 이들이 있습니다. 만일 책임감이 강한 A, B 두 사람이 있다고 생각해 보세요. 이들은 정반대의 특성이 있습니다. A의 강점은 책임감과 '관계', B는 책임감과 '분석'입니다.

A와 같은 강점을 가진 이들은 후배를 육성하고 지원하는 일을 좋아합니다. 사내 강사나 멘토링에 관심이 많지요. 그런 활동이 A를 신나게 합니다.

반면 B처럼 책임감과 분석이 강점인 이들은 완벽하게 일을 해내는 것으로 자신을 증명하는 경우가 많습니다. 조직은 성과로 말하는 집단이기 때문에 직원들은 자신이 맡은 역할을 완벽하게 해내야 한다고 믿지요. 정확한 데이터로 상대를 이해시키고 그것이 성과로 이어지는 과정이 그를 즐겁게 합니다.

이처럼 강점이 책임감이라고 해도 모두 같은 모습으로 나타나지 않습니다. 책임감이 다른 강점과 어떻게 조화를 이루는지 살펴봐야 하지요. 그 조화가 늘어날수록 강점을 더욱 잘 활용할 수 있습니다. 이것이 '강점 시너지'입니다. 강점은 낱

개로만 발휘되는 게 아닙니다. 하나의 강점과 또 하나의 강점이 만나서 자신만의 고유한 색깔을 만들어 내지요. 당신의 강점들을 두고 아래의 질문에 대해 생각해 보세요.

어떤 강점들이 조합이 되어서 시너지를 만드나요?
그 조합은 일과 가정에서 어떻게 쓰이고 있나요?
앞으로 더 발휘해 보고 싶은 강점 시너지는 무엇인가요?

질문 2. 강점의 힘 조절을 어떻게 하고 있나요?

"저는 강점 때문에 오히려 삶이 피곤한 것 같아요."라고 말하는 이들도 있습니다. 책임감이 강점인 사람은 "어떡하겠어요. 제가 책임지고 해야 마음이 편한데······."라며 무거운 짐을 짊어지고 허덕입니다. 관계, 사회성이 강점인 사람은 "저도 혼자서 편하게 살고 싶어요. 남들 신경 쓰고 챙기느라 제가 늙어요."라며 사람에 치이는 고단함을 하소연하고, 분석과 논리적 강점을 가진 사람은 사는 게 팍팍하다며, 주변 사람들에게 인기가 없다며 아쉬움을 드러내기도 합니다. 각각 나름의 이유로 강점이 반갑지 않습니다. 그럴 때 우리는 강점의 힘 조절에 관해 생각해 봐야 합니다.

강점을 활용하는 데 있어 개인마다 최적 수준(Optimal level)이 있습니다. 이 수준을 넘어설 정도로 강점을 활용하면 오히려 부담될 수 있지요. 본인의 강점이기는 하지만 너무 많이, 자주 사용하면 문제가 생깁니다. 진짜 내 강점이라면 사용할 때와 그렇지 않을 때를 구분하고 어디까지가 한계인지 인식하며 힘 조절을 할 수 있어야 합니다.

예를 들어 '관계'에 강점이 있는 사람이 자신의 최적 수준을 고려하지 않고, 고객의 무리한 요구를 받아 주고 상사와 동료에게 싫다는 말을 못 해서 과도한 스트레스를 받는다고 생각해 보세요. '관계가 내 강점이니까!'라는 생각에 다른 사람들이 사적인 영역과 시간을 침범하는 것까지 허락한다면, 필요 이상으로 힘을 쓴 것입니다.

이럴 땐 '관계'라는 강점이 빛날 수 있는 범위 내에서 자신의 강점이 스트레스로 전환되는 시점을 알아차리고 최적 수준을 넘었을 때 대응하는 방법을 연습해야 합니다. "죄송해요. 제가 정말 도와드리고 싶지만, 지금 진행하는 일을 마무리한 후에 가능할 것 같아요."라고 말할 수 있는 연습을 하는 것이지요.

자신의 강점이 마음에 들지 않나요? 그것 때문에 삶이 더 힘들어졌다고 생각하나요? 진짜 강점이라면 분별력 있게 사용해야 합니다. 최적 수준을 설정하고, 강점을 발휘할 때와 멈추어야 할 때, 사용해야 할 곳과 그렇지 않은 곳의 경계를 분명히 설정하세요.

발견한 강점 중에서 최적 수준을 넘어간 강점은 무엇인가요?
강점의 힘을 줄여야 하는 영역(일, 관계 등)은 어디인가요?
구체적인 예를 들자면 무엇인가요?

질문 3. 강점을 확장하기 위한 아이디어가 있나요?

글쓰기가 강점인 사람이 있습니다. 강점을 어떻게 활용하고 있냐는 질문에 그는 현재 하고 있는 일에서는 강점인 글쓰기를 발휘할 일이 없다며 아쉬워했지요. 내가 가진 강점을 사장시키지 않고 확장하려면 아이디어가 필요합니다.

그는 강점을 활용하기 위해 블로그 글쓰기에 도전하기로 했습니다. 여행을 사랑하는 '여행 덕후'로서 글을 써 보고 싶다고 했지요. 그는 목표지향이라는 강점을 함께 가지고 있었기에 블로그 글쓰기의 목표 개수를 정해놓고, 주 단위로 게시물의 수를 관리하기로 계획했습니다.

성실함이라는 강점을 발휘하며 블로그 글쓰기를 1년 넘게 실행에 옮겼습니다. 방문자 수도 꽤 늘어났고 글쓰기에 자신감이 붙었습니다. 오랜만에 만난 그는 글을 쓰기 시작하니, 천지가 글쓰기 재료라며 밝게 웃습니다. 이처럼 일상에서 내가 잘하는 것을 꾸준히 발휘할 기회를 가진 사람들의 얼굴에는 생기가 돕니다.

"강점이 좋기는 한데요, 지금 하는 일에는 강점을 쓸 곳이 없어요"라며 강점을 찾고도 창고에 썩히는 경우를 자주 봅니다. 하지만 정말 쓸 곳이 없는 걸까요, 쓸 방법을 모르는 걸까요? 아직 마음껏 발휘해 보지 못한 강점을 잘 사용하기 위해서는 좌충우돌할 필요가 있습니다. 업무에서 뿐만 아니라, 취미 생활에서, 관계에서, 봉사 활동을 통해 자신의 강점을 계속해서 이어나갈 수 있는 방법을 고민해야 하지요.

강점의 인식과 활용은 다른 일입니다. 강점을 가지고 계속 도전해서 움직임을 만들고 활용해야 비로소 행복, 만족과 같은 긍정적인 결과를 손에 쥐게 됩니다.

강점은 제쳐두고 약점만 채우려는 사람들

사람들은 저마다의 강점이 있습니다. 하지만 자신의 강점을 확인한 후에는 꼭 빠져 있는 빈틈을 먼저 찾아내는 놀라운 능력이 있습니다.

"저는 의사소통이라는 강점이 없네요. 아…… 이게 꼭 필요한데."
"어! 역시 관계에 관련해 강점이 없었네. 어쩐지."

많은 이가 자신이 가진 강점에 집중하기보다는 갖지 못한 강점에 먼저 아쉬움을 느낍니다. 현재 내 기준에는 강점이 부족해 보이거나, 다른 강점을 가지고픈 욕심이 생길지 몰라도, 우리는 지금 모습 이대로가 나에게 가장 어울린다는 것을 알아야 합니다.

발달심리학에는 '기능적 비대칭'이라는 용어가 있습니다. 세상을 살기에는 어느 정도 비대칭인 것이 오히려 기능적이라는 말이지요. 이렇게 설명해 볼게요. 우리의 몸은 양쪽으로 구분할 수 있습니다. 우반구와 좌반구, 오른손과 왼손, 오른발과 왼발이 그렇죠. 영아가 발달하는 과정을 살펴보면 양쪽이 모두 균형적으로 발달하지 않습니다. 처음에는 오른손을 썼다가 그다음에는 왼손을, 그렇게 양손을 쓰다가 결국 더 편하고 기능적인 한쪽 손을 선택하지요. 다른 기능들도 마찬가지입니다. 왜 그럴까요? 둘 다 잘 사용하면 더 좋지 않을까요?

진화심리학자들은 이렇게 답합니다. 우리 몸에는 위험한 상황에 잘 대처해서 무사히 다음 종족으로 이어지게 하는 최적화 프로그램이 장착되어 있습니다. 위급한 상황, 예를 들면 적의 공격 상황에서 손이든 발이든 자신이 가장 잘 쓸 수 있는 부위를 이용해 신속하게 대응할 수 있어야 합니다.

그런데 만약 양손이 똑같이 우등해서 공격을 받는 순간 내적으로 갈등한다면 어떨까요? '오른손이 나갈까? 왼손이 나갈까? 지난번에 오른손이 나갔으니, 이번에는 네가 나가 봐!'라는 고등 차원의 판단을 하면 이미 늦습니다. 더 잘 쓰는 쪽, 기능적인 쪽이 있는 덕분에 우리는 위급 상황에 대처하여 생존의 위협에서 살아남았던 것입니다.

이것은 몸에서만 일어나는 일이 아닙니다. 마음과 성격도 그렇습니다. 물론 유전적인 영향도 많이 받지만, 살아가면서 환경과의 상호작용 속에서 강화되기도 하고, 기능하지 못하고 사라지기도 합니다. 현재의 강점은 우리가 세상과 부딪히며 살아가는 동안 깎이고 다듬어진 끝에 살아남은 최종 정예입니다. 문제의 소용돌이 속에서도 제대로 기능하고 적응하도록 도와준 소중하고 특별한 자원이지요. 또한 나를 나답게 살도록 만들어 주는 기능적 불균형이자, 나만의 특별한 조합입니다.

그러니 '내 강점은 왜 분석력이 아닐까?' 하고 실망하지 마세요. 사교성이나 리더십이 대표 강점이 아닌 자신을 탓하지도 마세요. 당신이기에 여기까지 왔고, 당신이기 때문에 앞으로 부딪힐 많은 목표와 과제에 도전할 것입니다.

서른에는 자주 열등감에 빠집니다. 경쟁의 한복판에서 나보다 잘난 사람들에게 치입니다. 이미 재능을 갖춘 사람들 앞에서 무능감을 느끼게 되기도 하죠. 또 아무리 애를 써도 채우고 배워야 할 것들이 넘쳐납니다. 내면에 새겨진 결핍감은 무엇으로도 잘 채워지지 않습니다.

그럴수록 이미 내가 가진 것들에 주목해야 합니다. 비교를 멈추고 시선을 안으로 돌려 내 뜰에 심어진 열매들을 키워 보세요. 부족한 것을 채우는 일과 앞으로 더 나아가는 일은 다릅니다. 내 삶의 마이너스를 채우는 것이 약점을 관리하는 일이라면, 플러스로 전환시키는 것은 강점을 발휘하는 일입니다.

지금껏 약점을 관리하는 일에 시간을 썼다면, 앞으로는 강점을 더 사용하는 일에 에너지를 사용해 보세요. 부족한 것을 채워서 남들과 비슷해지려 하기보다는 이미 내가 가진 가능성을 더 빛나게 발휘해 보는 겁니다.

우리의 강점은 모두 의미 있고 특별합니다. 오늘의 모습은 당신이 그간 잘 적응해 왔다는 뜻입니다. 비교하지 말고 애정해 주세요. 후회하지 말고 격려하세요. 자신감이 떨어진다고 느낄 때 남들과 비교하며 두리번거리지 말고, 당신이 잘하는 작고 작은 일부터 다시 시작하세요.

✦ **강점**은 인생의 소중한 자원이며, 강점을 파악하는 것은 있는 그대로의 자신을 소중하게 생각하는 자아존중감에 맞닿아 있습니다.

✦ 강점을 알고 있는 사람은 같은 상황에서도 보다 즐겁게 임하며 위기에 처했을 때도 좀 더 빨리 회복할 수 있습니다.

✦ 내가 가진 강점에 집중하세요. 현재의 모습이 나에게 가장 잘 어울립니다. 강점의 기능적 불균형은 나를 나답게 살 수 있도록 돕습니다.

✦ 상황이 변했다면 감정 역시 변화가 필요합니다. 기존의 강점을 그대로 발휘했지만, 역효과가 난다면, 자신의 감정 중 변하지 말아야 할 것과 변해야 할 것은 나누어 정리해 봐야 합니다.

✦ 강점을 아는데 그치지 말고 잘 활용해야 합니다. 강점을 잘 다루려면 여러 강점이 어떤 시너지를 내고 있는지, 강점의 최적 수준은 지켜지고 있는지, 강점을 확장하기 위해 어떤 아이디어가 필요한지 살피는 과정이 필요합니다.

워크시트
: 강점

강점은 삶의 자원입니다.
이럴 때 살펴보면 도움이 됩니다.

✦ 남과 비교하면서 나를 괴롭힐 때

✦ 자신감이 떨어질 때

✦ 나에게는 아무것도 없다고 느낄 때

강점 발굴하기

강점을 사용할 때는 대부분 성과가 좋고, 시간 가는 줄 모르게 몰입하고, 기분이 좋아지며, 관련된 분야를 계속 공부하거나 그것과 관련된 사업을 하고 싶은 마음이 들 정도로 빠져들게 됩니다. 아래의 문장을 완성하면서 당신의 강점을 찾아보세요. 강점을 한 번에 발견하기는 어렵습니다. 호기심을 가지고 당신을 낯설게 바라보는 것도 도움이 될 겁니다.

★ 나는 _____ 를 잘한다.

★ 나는 _____ 를 잘한다.

★ 나는 _____ 할 때 시간 가는 줄 모른다.

★ 나는 _____ 할 때 시간 가는 줄 모른다.

★ 나는 _____ 할 때 에너지가 생긴다.

★ 나는 _____ 할 때 에너지가 생긴다.

★ 나는 _____ 대해서 더 배우고 싶다.

★ 나는 _____ 대해서 더 배우고 싶다.

★ 나는 _____ 관련한 일로 돈을 벌고 싶다.

★ 나는 _____ 관련한 일로 돈을 벌고 싶다.

서른이 지나도 아직 나를 모른다

강점 단어 활용하기

309쪽에 당신의 강점이 될 만한 후보를 찾아 두었습니다. 복사해서 잘라 카드처럼 활용하거나 책에 표시하면서 다음 순서를 따라 자신의 강점을 찾아보세요. 50가지의 강점 단어가 당신의 행동과 가능성에 이름을 붙이고 기억할 수 있도록 도와줄 것입니다.

❶ 자, 50가지의 가치 카드를 눈으로 읽어 보세요

50가지의 강점 단어 중 '내 강점과 거리가 멀다.', '내 강점이 아니다.'라고 생각되는 단어들부터 지워 보세요. 카드처럼 잘라서 사용하고 있다면, '내 강점이다.'라고 생각하는 것과 '내 것이 아니다.'라고 느끼는 것 2가지로 분류해 보세요.

❷ 남은 강점 단어를 살펴봅니다

남은 단어 중에서 '내 강점'으로 느껴지는 단어에 동그라미를 해 보세요. 이때 이게 내 강점인지 아닌지 잘 모르겠다 싶으면 강점의 특징을 떠올려 보세요. 강점이란 내가 잘하는 것이자 오랫동안 사용해도 지치지 않는 활력을 주는 것입니다. 〈감정 발굴하기〉에서 빈칸에 채워 넣은 문장들을 보며 그것에 가장 가깝게 표현한 단어가 있는지 찾아보는 것도 도움이 됩니다.

❸ 선택한 강점 단어를 살펴봅니다

내 강점이라고 생각하는 강점 단어를 몇 개나 선택했나요? 이제 세 가지 질문을 통해 당신이 일차로 선발한 강점 중에서 진짜 내 강점을 선별해 보겠습니다.

이것을 사용할 때 보통 결과가 좋았다고 생각하는 강점 단어를 2가지를 선택하세요.

2가지를 선택하고 남은 단어 중에서 '이것을 사용하면 활력이 높아지고 에너지가 높아져서 비교적 오랫동안 활동할 수 있다.'라고 생각하는 강점 단어 2가지를 고르세요.

지금까지 4가지를 선택하고 남은 단어 중, '관련한 정보를 더 찾거나 공부해 보고 싶은 강점 단어 2가지를 고르세요.

감사	경쟁	계획	공감	공정
좋은 일을 잘 알아차리고 음미할 수 있는 능력	타인과의 비교를 통해 성과를 높이는 능력	체계적으로 꼼꼼하게 준비하는 능력	타인의 감정과 생각을 함께 느끼는 능력	공평하고 올바른 기준을 가지는 능력

관계	관찰	글쓰기	끈기	낙관
관계에서 힘을 얻고 인맥을 활용하는 능력	사물이나 주위의 현상을 주의 깊게 살피는 능력	자신의 생각을 글로 표현하는 능력	어려움을 견디고 목적을 위한 행동을 지속하는 능력	잘 될거라 믿고 성취하려 노력하는 능력

논리	도전	동기부여	매력	명령
말과 글에서 순서, 체계, 맥락을 읽어 내는 능력	낯설고 새로운 일에 대면하여 해결하는 능력	타인을 격려하고 영감을 주는 능력	타인의 호감을 사고 내 편으로 만드는 능력	자신의 의견을 주장하고 일을 지휘하는 능력

목표지향	문제해결	미래지향	미적 감각	배려
방향을 정해 효율적으로 일하는 능력	복잡하고 어려운 문제일수록 즐기는 능력	미래의 가능성에 대하여 영감을 얻는 능력	삶의 아름다움을 인식하고 평가하는 능력	타인의 상황을 이해하고 보살피는 능력

봉사	분석	사교성	사랑	설득
타인을 돕고 사회 개선 의지를 가진 능력	객관적, 중립적으로 이치에 맞는 증명을 하는 능력	타인과 친밀감, 신뢰감, 영향력을 나누는 능력	다른 사람과 깊은 애정을 형성하고 유지하는 능력	타인에게 나의 관점을 관철시키는 능력

성실	성취	신뢰	신중	열정
정성스러움과 참된 마음으로 행동하는 능력	추진력을 가지고 더 많은 것을 얻는 능력	약속을 잘 지키고 일관성을 지키는 능력	자제력을 가지고 접근해 선택하는 능력	열렬한 애정을 가지고 열중하는 능력
유머	유연성	의사소통	자기통제	자기확신
타인을 즐겁게 하는 능력	일의 형편에 따라 처리하는 능력	생각을 말로 처리하는 능력	자신의 감정, 정서를 조절하는 능력	스스로에 대한 믿음을 가지고 흔들리지 않는 능력
성찰	적응력	전략	조정	주도성
마음속에 벌어지는 일을 관찰하고 알아차리는 능력	현재에 집중하여 일을 처리하는 능력	일을 진행하는 데 대안을 찾는 능력	갈등을 정리하고 새로운 협력을 이루어 내는 능력	대상, 타인을 이끌어 나가면서 성과를 만들어 내는 능력
지원	직관	질서	창의	책임
타인의 성공과 성장을 돕는 능력	감각에 의해 의사결정하는 능력	예측, 통제 가능한 상태를 위해 정확함을 만드는 능력	아이디어를 태고 새롭고 다양한 관점으로 바라보는 능력	스스로 하기로 한 일에 의무감을 갖고 완수하는 능력
추진	탐구	판단	학습	호기심
목표 달성을 위해 밀고 나아가는 능력	알고 싶은 욕구 해소를 위해 정보를 수집하며 파고드는 능력	도움이 될 만한 정보를 객관적이고 이성적으로 가릴 줄 아는 능력	지식과 기술을 습득하는 과정에서 즐거움을 느끼는 능력	다양한 경험과 현상에 대해서 흥미를 느끼는 능력

자, 당신의 선택한 최종 강점 6가지는 무엇인가요?

서른이 지나도 아직 나를 모른다

강점 육각형 그리기

당신의 대표 강점 6가지는 무엇인가요? 다음의 강점 육각형에 채워 넣어 보세요. 또 각각의 강점을 얼마나 사용하는지 점수로 체크해 봅니다. 1점은 '거의 사용하지 않는다.', 10점은 '매일 사용한다.'를 기준으로요. 직장이나 가정, 어디든 당신의 일상 전반을 생각하면서 기록하면 됩니다.

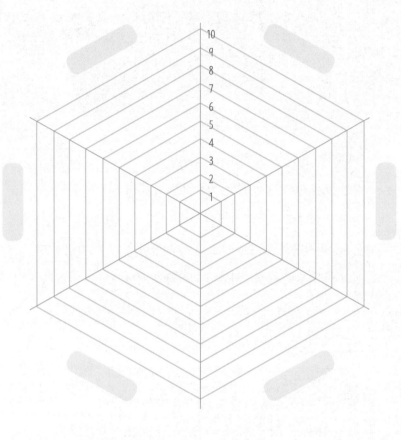

　강점 육각형을 완성했다면, 다음의 질문에 답하면서 당신
의 강점을 더 깊이 들여다보세요. 스스로 더 많은 질문을 던
져 보는 것도 좋습니다.

서른이 지나도 아직 나를 모른다

★ 일상에서 가장 만족스럽게 사용하고 있는 강점은 무엇인가요?

_____

★ 아쉽게도 잘 발휘하지 못하고 있는 강점은 무엇인가요?

_____

★ 힘 조절이 필요하다고 생각하는 강점은 무엇인가요?

_____

★ 더 계발하고 싶은 강점은 무엇인가요?

_____

★ 오늘 당장 시도할 수 있는 강점 행동은 무엇인가요?

_____

진화하는 강점

강점은 변할까요, 고정될까요? 어쩌면 일상에서 숨겨진 강점을 발견할 수도 있겠지요. 또한 역할과 상황이 바뀌면 강점을 잘 조절해서 사용해야 합니다. 저는 이것을 '강점의 진화'라고 부릅니다. 강점을 사용했는데도 더는 효과적이지 않다면 그것은 강점 자체의 문제라기보다는 강점 사용법을 달리해야 한다는 신호일지 모릅니다. 현재 당신에게 주어진 과제, 또는 새롭게 맡은 역할과 관련하여 아래 3가지 질문에 답해 보세요.

★ 나의 강점 중에서 지나치게 사용되고 있는 것은 무엇인가요?

_____

★ 나의 강점 중에서 잘 활용하지 못하고 있는 것은 무엇인가요?

_____

★ 강점과 관련해서 변해야 할 것과 변하지 말아야 할 것은 무엇인가요?

___

강점은 나의 고유한 생존 방식이자 나를 빛나게 하는 자원입니다. 지금의 내가 있는 것도 바로 이 강점 덕분이지요.

그러나 언제부터인가 우리는 주변 시선과 평가로 부족한 점을 찾고 개선하는 데에만 시간을 쏟고 있는 것 같습니다. 내가 가진 보석을 보지 못한 채 말이지요.

나의 강점을 잘 이해해야 포기하지 않고 인내할, 더 나아가 새로운 일에 도전할 힘이 생깁니다. 목표를 위해 과정을 포기하지 않을 수 있고, 무엇보다 강점의 부작용이 생기지 않도록 적당히 힘 조절을 할 수 있게 되지요.

자, 이제 당신에게 매일 질문해 보세요. 그리고 이렇게 멋진 나를 힘껏 안아 주세요.

오늘, 어떤 강점을 사용할 수 있을까?
오늘, 어떤 새로운 시도를 해 볼 수 있을까?
오늘, 나에게 어떤 격려를 해 줄까?

"이제 나 자신의 삶을 살자"

진짜 나를 만나는 일은 이제부터 시작입니다. 삶의 기준이 흔들릴 때마다 가치의 우선순위를 확인하고, 걷잡을 수 없는 화에 직면할 때면 신념을 돌아봐야 합니다. 마음의 충돌이 일어날 때면 욕구를 충족할 수 있는 현실적인 방법을 찾아야 하며, 갑작스럽게 마음이 던지는 감정의 소리를 들을 수 있도록 살피고, 어렵게 찾은 강점 자원이 녹슬지 않도록 부지런히 사용해야 해요. 그렇게 하나씩 나를 확인하는 과정에서 내게 맞는 것, 어울리지 않는 것들을 수정하고, 다시 추리면서 조금씩 더 나다워질 겁니다.

이 과정들은 결코 당신을 '어떤 사람이다.'라는 몇 문장으로 고정시키려는 것이 아님을 알아 두세요. 궁극적으로 삶이 우리를 흔들 때 무엇을, 어디를 봐야 하는지에 관한 것이니까요. 내가 보고 믿고 생각하는 것은 나로부터 출발하는 것이므로 인생은 그 선택에 따라 달라질 수 있다는 것을, 그 선택을 결정하는 주체가 바로 나 자신이라는 것을 말하고 싶었습니다.

돌아보면 저의 서른은 망망대해에 통나무 조각 하나 겨우 부여잡고 떠다니던 심정이었습니다. 아등바등했고, 불안했고, 위태로웠습니다. 연애의 끝은 안 좋았고, 회사에서는 밤낮 가리지 않고 일했지만, 한계와 편견이 존재했고, 누군가는 나를 오해했습니다. 기댈 곳은 없었습니다. 지하방에서 온 가족이 월세를 겨우 충당하며 살 때라 부모님은 고단한 딸의 길잡이가 되어 주지 못하셨죠.

지금과는 다르게 살고 싶어서 시작한 일이 심리학 공부였습니다. 무엇보다 나 자신을 이해하고 싶었거든요. 왜 나는 이토록 성공에 집착하는지, 불안함과 두려움을 자주 느끼는지, 연애만 하면 왜 못난 행동을 하게 되는지 그 이유가 무엇인지 알고 싶었습니다.

긴 시간을 지나면서 깨닫게 된 것은 나를 알게 되면 이해하게 되고 이해하게 되면 더 사랑하게 된다는 것이었습니다. 모든 것은 나로부터 시작되고 나로 인해 달라질 수 있다는 말을 비로소 경험했죠. 인생의 해답을 찾아가는 많은 방법 중에서 나 자신과 먼저 친해지고 신뢰를 쌓는 것이 가장 효과적인 방법이란 것도 배웠습니다.

나와의 관계가 회복되고 편안해지면 자연스럽게 나를 옭아매고 있던 어려움도 해결책을 찾게 됩니다. 타인과 세상에 쏟아 내던 화를 거두면서 진짜 원하는 것에 집중하게 되었습니다. 나를 공부하면서 이혼가정의 자녀라는 열등감에서 벗어났고, 반복되는 연애 문제를 해결했을 뿐만 아니라 알코올 중독자인 아버지를 덜 미워하게 되었으니까요.

당신도 이 책을 시작으로 꾸준히 혼자만의 시간을 가져 보길 바랍니다. 오늘 하루 내게 큰 자극이 되었던 어떤 일이 있었다면 습관적으로 반응하는 것이 아니라 가만히 내 안의 소리에 귀 기울여 보세요. 그것은 내게 무엇이 중요하다고 말해 주는지, 왜 나에게는 그토록 힘든 일인지, 그 순간에 어떤 감정이었는지, 내가 진짜 원하는 것은 무엇인지, 그래서 무엇부터 다시 시작하고 싶은지 나 자신과 소곤소곤 대화를 나누어 보는 겁니다.

그런 시간이 쌓이면 내 목소리를 신뢰하게 되고, 나를 더 좋아하게 되고, 앞으로 더 많은 일을 잘 해낼 수 있으리라는 기대를 하게 될 겁니다. 그러면 참 든든한 위로가 되지 않을까요. 여전히 괜찮은 삶을 한마디로 정의하기 어렵지만, 나 자신에게 집중할 수 사람은 언제나 다시 나다운 방법을 찾을 수 있을 테니까요.

이제 나 자신으로 살아가 보자고 결심해 보세요. 우리에게는 아직 기회가 있고, 앞으로 어떻게 반응할지에 대한 선택권 역시 나에게 있습니다. 제가, 그리고 코칭을 통해 만났던 수많은 사람이 그러했듯이 당신도 당신 안에서 길을 찾을 수 있습니다.

불안한 삼십 대를 위한
32가지 자기발견 심리학

서른이 지나도
아직 나를 모른다

초판 1쇄 발행 2024년 12월 23일

지은이 김윤나
펴낸이 민혜영
펴낸곳 오아시스
주소 서울시 마포구 월드컵로 14길 56, 3~5층
전화 02-303-5580 | **팩스** 02-2179-8768
홈페이지 www.cassiopeiabook.com | **전자우편** editor@cassiopeiabook.com
출판등록 2012년 12월 27일 제2014-000277호

ⓒ김윤나, 2024
ISBN 979-11-6827-257-6 03190